№ 3868

Aurore Sand

VALENTINE

PAR

G. SAND.

Souvent la femme résiste dans sa faiblesse,
et succombe dans sa force.

H. DELATOUCHE.

TOME SECOND.

PARIS

HENRI DUPUY, IMPRIMEUR-ÉDITEUR,
11, RUE DE LA MONNAIE;
L. TENRÉ, LIBRAIRE,
1, RUE DU PAON.

—

1832

TROISIÈME PARTIE.

VALENTINE.

I

La danse était fort animée au parc de Raimbault. Les paysans, pour lesquels on avait dressé des ramées, chantaient, buvaient, et proclamaient le nouveau couple le plus beau, le plus heureux et le plus honorable de la contrée. La comtesse, qui n'était rien moins que populaire, avait ordonné cette fête avec beaucoup de prodigalité, afin de se débarrasser en un jour de tous les frais d'amabilité qu'une autre eût faits dans le cours de sa vie. Elle avait un profond mépris pour la canaille, et prétendait que, pourvu qu'on la fît boire et manger, on pouvait ensuite lui marcher sur le ventre sans qu'elle se révoltât. Et ce qu'il y a de plus triste en ceci, c'est que madame de Raimbault n'avait pas tout-à-fait tort.

La marquise de Raimbault était charmée de cette occasion de renouveler sa popularité. Elle n'était pas fort sensible aux misères du pauvre, mais à cet égard on ne la trouvait presque pas plus insouciante qu'aux malheurs de ses amis; et grâce à son penchant pour le commérage et la familiarité, on lui avait accordé cette réputation de bonté que le pauvre accorde si gratuitement, hélas! à ceux qui, ne lui faisant pas de bien, ne lui font du moins pas de mal. En voyant passer alternativement ces deux femmes, les esprits forts du village se disaient tout bas sous la ramée :

— Celle-ci nous méprise, mais elle nous régale; celle-là ne nous régale pas, mais elle nous parle.

Et ils étaient contens de toutes deux. La seule qui fût aimée réellement, c'était Valentine, parce que celle-là ne se contentait pas d'être amicale et de leur sourire, d'être libérale et de les secourir. Elle était sensible à leurs maux, à leurs joies; ils sentaient qu'il n'y avait dans sa bonté aucun motif d'intérêt personnel, aucun calcul politique. Ils l'avaient vue pleurer sur leurs malheurs. Ils avaient trouvé dans son cœur des sympathies vraies. Ils la chérissaient plus qu'il n'est donné aux hommes grossiers de chérir les êtres qui leur sont supérieurs. Beaucoup d'entre eux savaient fort bien l'histoire de ses relations à la ferme avec sa sœur, mais ils respectaient son secret si religieusement, qu'à peine osaient-ils prononcer tout bas entre eux le nom de Louise.

Valentine passa autour de leurs tables et s'efforça de sourire à leurs vœux; mais la gaieté s'évanouit après qu'elle eut passé, car on avait remarqué son air d'abattement et de maladie. Il y eut même des regards de malveillance pour M. de Lansac.

Mais Athénaïs et sa noce tombèrent au milieu de cette fête, et les idées changèrent de cours. La recherche de sa parure et la bonne mine de son mari attirèrent tous les yeux. La danse qui languissait se ranima; Valentine, après avoir embrassé sa jeune amie, se retira de nouveau avec sa nourrice. Madame de Raimbault, que tout ceci ennuyait beaucoup, alla aussi se reposer; M. de Lansac, qui même le jour de ses noces avait toujours d'importantes lettres à écrire, alla faire son courrier. La noce Lhéry resta maîtresse du terrain, et les gens qui étaient venus pour voir danser Valentine restèrent pour voir danser Athénaïs.

La nuit approchait. Athénaïs, fatiguée de la danse, s'était assise pour prendre des rafraîchissemens. A la même table le chevalier de Trigaud, son majordome Joseph, Simonneau, Moret et plusieurs autres qui avaient fait danser la mariée, étaient réunis autour d'elle et l'accablaient de leurs prévenances. Athénaïs avait semblé si belle à la danse, sa parure brillante et folle lui allait si bien, elle avait recueilli tant d'éloges, son mari lui-même la regardait d'un œil noir si amoureux, qu'elle commençait à s'égayer et à se réconcilier avec la journée de ses noces. Le chevalier de Trigaud, raisonnablement gris, lui débitait des galanteries en style de Dorat qui la faisaient à la fois rire et rougir. Peu à peu le groupe qui l'environnait, animé par quelques bouteilles d'un léger vin blanc du pays, par la danse, par les beaux yeux de la mariée, par l'occasion et par l'usage, se

mit à débiter ces propos graveleux qui commencent par être énigmatiques et qui finissent par devenir grossiers. C'est la coutume chez les pauvres et même chez les riches de mauvais ton.

Athénaïs, qui se sentait jolie, qui se voyait admirée et qui ne comprenait rien à tout le reste, sinon qu'on enviait et qu'on félicitait son mari, s'efforçait de maintenir sur ses lèvres le sourire qui l'embellissait, et commençait même à répondre avec une assez friponne timidité aux brûlantes œillades de Pierre Blutty, lorsqu'une personne silencieuse vint s'asseoir à la place vide qui était à sa gauche. Athénaïs, émue malgré elle par l'imperceptible frôlement de son habit, se retourna, étouffa un cri d'effroi et devint pâle : c'était Bénédict.

C'était Bénédict, plus pâle qu'elle encore, mais grave, froid et ironique. Toute la journée il avait couru les bois comme un forcené. Le soir, désespérant de se calmer de cette manière, il avait résolu de voir la noce, d'écouter les gravelures, d'entendre signaler le départ des époux pour la chambre nuptiale, et de se guérir à force de colère, de pitié et de dégoût.

Si mon amour survit à tout cela, s'était-il dit, c'est qu'il n'y a pas de remède.

Et à tout hasard il avait chargé de petits pistolets de poche qu'il avait mis sur lui.

Il ne s'était pas attendu à trouver là cette autre noce et cette autre mariée. Depuis quelques instans il observait Athénaïs ; sa gaieté soulevait en lui un profond dédain, et il voulut se mettre au centre des dégoûts qu'il venait braver, en s'asseyant auprès d'elle.

Bénédict, qui avait un caractère âpre et sceptique, un de ces esprits mécontens et frondeurs si incommodes aux ridicules et aux travers de la société, prétendait (c'était sans doute un de ses paradoxes) qu'il n'est point d'inconvenance plus monstrueuse, d'usage plus scandaleux que la publicité qu'on donne au mariage. Il n'avait jamais vu, sans la plaindre, passer au milieu de la cohue d'une noce, cette pauvre jeune fille qui a presque toujours quelque amour timide au cœur, et qui traverse l'insolente attention, les impertinens regards pour arriver dans les bras de son mari, déflorée déjà par l'audacieuse imagination de tous les hommes. Il plaignait aussi ce pauvre jeune homme dont on affichait l'amour aux portes de la mairie, au banc de l'église, et que l'on forçait de livrer à toutes les impuretés de la ville et de la campagne la blanche robe de sa fiancée. Il trouvait qu'en lui ôtant le voile du mystère, on profanait l'amour. Il eût voulu entourer la femme de tant de respect, qu'on n'eût jamais connu officiellement l'objet de son choix, et qu'on eût craint de l'offenser en le lui nommant.

— Comment, disait-il, voulez-vous avoir des femmes aux mœurs solides, lorsque vous faites publiquement violence à leur pudeur ?

quand vous les amenez vierges en présence de la foule assemblée, et que vous leur dites, en prenant cette foule à témoin : — Vous appartenez à l'homme que voici, vous n'êtes plus vierge. — Et la foule bat des mains, rit, triomphe, raille la rougeur des époux, et jusque dans le secret de leur lit nuptial, les poursuit de ses cris et de ses chants obscènes! Les peuples barbares du Nouveau-Monde avaient de plus pieux hyménées. Aux fêtes du soleil on amenait dans le temple un homme vierge et une femme vierge. La foule prosternée, grave et recueillie, bénissait le dieu qui créa l'amour, et dans toute la solennité de l'amour physique et de l'amour divin, le mystère de la génération s'accomplissait sur l'autel. Cette naïveté qui vous révolte était plus chaste que vos mariages. Vous avez tant souillé la pudeur, tant oublié l'amour, tant avili la femme, que vous êtes réduits à insulter la femme, la pudeur et l'amour.

En voyant Bénédict s'asseoir auprès de sa femme, Pierre Blutty, qui n'ignorait point l'inclination d'Athénaïs pour son cousin, jeta sur eux un regard de travers. Ses amis échangèrent avec lui le même regard de mécontentement. Tous haïssaient Bénédict pour sa supériorité dont ils le croyaient vain. Les joyeux propos s'arrêtèrent un instant, mais le chevalier de Trigaud, qui avait pour lui une grande estime, lui fit bon accueil, et lui tendit la bouteille d'une main mal assurée. Bénédict avait un ton calme et dégagé qui fit croire à Athénaïs que son parti était pris. Elle lui fit timidement quelques prévenances auxquelles il répondit respectueusement, mais sans humeur.

Peu à peu les paroles libres et grivoises reprirent leur cours, mais avec l'intention évidente, de la part de Blutty et de ses amis, de leur donner une tournure insultante pour Bénédict. Celui-ci s'en aperçut aussitôt, et s'arma de cette tranquillité dédaigneuse dont l'expression semblait être naturelle à sa physionomie.

Jusqu'à son arrivée le nom de Valentine n'avait pas été prononcé : ce fut l'arme dont Blutty se servit pour le blesser. Il donna le signal à ses compagnons, et on commença à mot couvert un parallèle entre le bonheur de Pierre Blutty et celui de M. de Lansac, qui fit passer comme du feu dans les veines glacées de Bénédict. Mais il était venu là pour entendre ce qu'il entendait. Il fit bonne contenance, espérant que cette rage intérieure qui le dévorait allait faire place au dégoût. D'ailleurs, se fût-il livré à sa colère, il n'avait aucun droit de défendre le nom de Valentine de ces souillures.

Mais Pierre Blutty ne s'en tint pas là. Il était résolu à l'insulter grièvement, et même à lui faire une scène, afin de l'expulser à jamais de la ferme. Il hasarda quelques mots qui donnèrent à entendre combien le bonheur de M. de Lansac était amer au cœur d'un des convives. Tous les regards l'interrogèrent avec surprise et virent les siens désigner Bénédict. Alors les Moret et les Simonneau, saisissant le *bélier*, fondirent avec plus de rudesse que de force réelle sur leur adversaire. Celui-ci demeura long-temps impassible. Il se contenta de jeter un coup-d'œil de reproche à la pauvre Athénaïs qui seule avait pu trahir un pareil secret. La jeune femme, au désespoir, essaya de changer la conversation, mais ce lui fut impossible, et elle resta plus morte que vive, espérant au moins que sa présence contiendrait son mari jusqu'à un certain point.

—Il y en a d'aucuns, disait Georges en affectant de parler plus rustiquement que de coutume afin de contraster avec la manière de Bénédict, qui veulent lever le pied plus haut que la jambe et qui se cassent le nez par terre. Ça rappelle l'histoire de Jean Lory, qui n'aimait ni les brunes ni les blondes, et qui a fini, comme chacun sait, par être bien heureux d'épouser une rousse.

Toute la conversation fut sur ce ton et fort peu spirituelle, comme on voit. Blutty reprenant son ami Georges :

— Ce n'est pas comme ça, lui dit-il. Voici l'histoire de Jean Lory. Il disait qu'il ne pouvait aimer que les blondes, mais ni les brunes ni les blondes ne voulaient de lui ; si bien que la rousse fut forcée d'en avoir pitié.

— Oh! dit un autre, c'est que les femmes ont des yeux.

— En revanche, reprit un troisième, il y a des hommes qui ne voient pas plus loin que leur nez.

— *Manes habunt*, dit le chevalier de Trigaud, qui, ne comprenant rien à la conversation, voulut au moins y faire briller son savoir.

Et il continua sa citation en écorchant impitoyablement le latin.

—Ah! monsieur le chevalier, vous parlez

à des sourds, dit le père Lhéry, nous ne savons pas le grec.

— M. Benoît qui n'a appris que ça, dit Blutty, pourrait nous le traduire.

— Cela signifie, répondit Bénédict d'un air calme, qu'il y a des hommes semblables à des brutes, qui ont des yeux pour ne pas voir et des oreilles pour ne pas entendre. Cela se rapporte fort bien, comme vous voyez, à ce que vous disiez tout-à-l'heure.

— Oh! pour les oreilles, pardieu! dit un gros petit cousin du marié, qui n'avait pas encore parlé, nous n'en avons rien dit, et pour cause; on sait les égards qu'on se doit entre amis.

— Et puis, dit Blutty, il n'y a de pires sourds, comme dit le proverbe, que ceux qui ne veulent pas entendre.

— Il n'y a de pire sourd, interrompit Bénédict d'une voix forte, que l'homme à qui le mépris bouche les oreilles.

— Le mépris! s'écria Blutty en se levant,

rouge de colère et les yeux étincelans, le mépris!

— J'ai dit le mépris, répondit Bénédict sans changer d'attitude et sans daigner lever les yeux sur lui.

Il n'eut pas plus tôt répété ce mot, que Blutty, brandissant son verre plein de vin, le lui lança à la tête; mais sa main tremblante de fureur fut un mauvais auxiliaire. Le vin couvrit de taches indélébiles la belle robe de la mariée, et le verre l'eût infailliblement blessée, si Bénédict, avec autant de sang-froid que d'adresse, ne l'eût reçu dans sa main sans se faire aucun mal.

Athénaïs épouvantée se leva et se jeta dans les bras de sa mère. Bénédict se contenta de regarder Blutty, et de lui dire avec beaucoup de tranquillité :

— Sans moi, c'en était fait de la beauté de votre femme.

Puis, plaçant le verre au milieu de la table, il l'écrasa avec un broc de grès qui se trouvait sous sa main. Il lui porta plusieurs coups pour le réduire en autant de morceaux possibles, puis les éparpillant sur la table :

— Messieurs, leur dit-il, cousins, parens et amis de Pierre Blutty, qui venez de m'insulter, et vous Pierre Blutty que je méprise de tout mon cœur, à chacun de vous j'envoie une parcelle de ce verre. C'est autant de sommations que je vous fais de me rendre raison, c'est autant de portions de mon affront que je vous ordonne de réparer.

— Nous ne nous battons ni au sabre, ni à l'épée, ni au pistolet, s'écria Blutty d'une voix tonnante ; nous ne sommes pas des freluquets, des *habits noirs* comme toi. Nous n'avons pas pris des leçons de courage, nous en avons dans le cœur et au bout des poings. Pose ton habit, Monsieur, la querelle sera bientôt vidée.

Et Blutty, grinçant des dents, commença à se débarrasser de son habit chargé de fleurs et de rubans et à retrousser ses manches jusqu'au coude. Athénaïs, qui était tombée en défaillance dans les bras de sa mère, s'élança brusquement et se jeta entre eux en poussant des cris perçans. Cette marque d'intérêt que Blutty jugea avec raison être toute en faveur de Bénédict augmenta sa fureur. Il la repoussa et s'élança sur Bénédict.

Celui-ci, évidemment plus faible, mais agile et de sang-froid, lui passa son pied dans les jambes et le fit tomber.

Blutty n'était pas relevé qu'une nuée de ses camarades s'était jetée sur Bénédict. Celui-ci n'eut que le temps de tirer ses deux pistolets de sa poche et de leur en présenter les doubles canons.

— Messieurs, leur dit-il, vous êtes vingt contre un, vous êtes des lâches; si vous faites un geste contre moi, quatre d'entre vous seront tués comme des chiens.

Cette vue calma un instant leur vaillance;

alors le père Lhéry, qui connaissait la fermeté de Bénédict, et qui craignait une issue tragique à cette scène, se précipita au-devant de lui, et levant son bâton noueux sur les assaillans, il leur montra ses cheveux blancs souillés du vin que Blutty avait voulu jeter à Bénédict. Des larmes de colère roulaient dans ses yeux.

— Pierre Blutty, s'écria-t-il, vous vous êtes conduit aujourd'hui d'une manière infâme. Si vous croyez par de pareils procédés prendre de l'empire dans ma maison et en chasser mon neveu, vous vous trompez beaucoup. Je suis encore libre de vous en fermer la porte et de garder ma fille. Le mariage n'est pas consommé. Athénaïs, passez derrière moi.

Le vieillard, prenant avec force le bras de sa fille, l'attira vers lui. Athénaïs, prévenant sa volonté, s'écria avec l'accent de la haine et de la terreur :

— Gardez-moi, mon père, gardez-moi

toujours. Défendez-moi de ce furieux qui vous insulte, vous et votre famille! Non, je ne serai jamais sa femme! Je ne veux pas vous quitter!

Et elle s'attacha de toute sa force au cou de son père.

Pierre Blutty, à qui aucune clause légale n'assurait encore l'héritage de son beau-père, fut frappé de la force de ses argumens. Renfermant le dépit que lui inspirait la conduite de sa femme :

— Je conviens, dit-il en changeant aussitôt de ton, que j'ai eu trop de vivacité. Beau-père, si je vous ai manqué, recevez mes excuses.

— Oui, Monsieur, reprit Lhéry, vous m'avez manqué dans la personne de ma fille, dont les habits de noces portent les marques de votre brutalité ; vous m'avez manqué dans la personne de mon neveu, que je saurai faire respecter. Si vous voulez que votre femme et votre beau-père oublient cette conduite, offrez la main à Bénédict, et que tout soit dit.

Une foule immense s'était rassemblée autour d'eux, et attendait avec curiosité la fin de cette scène. Tous les regards semblaient dire à Blutty qu'il ne devait point fléchir; mais quoique Blutty ne manquât pas d'un certain courage brutal, il entendait ses intérêts aussi bien que tout bon campagnard sait le faire. En outre, il était réellement très-amoureux de sa femme, et la menace d'être séparé d'elle l'effrayait plus encore que tout le reste. Sacrifiant donc les conseils de la vaine gloire à ceux du bon sens, il dit, après un peu d'hésitation :

— Eh bien, je vous obéirai, beau-père ; mais cela me coûte, je l'avoue, et j'espère que vous me tiendrez compte, Athénaïs, de ce que je fais pour vous obtenir.

—Vous ne m'obtiendrez jamais, quoi que vous fassiez ! s'écria la jeune fermière, qui venait de s'apercevoir seulement alors des nombreuses taches dont elle était couverte.

— Ma fille, interrompit Lhéry, qui savait fort bien reprendre au besoin la dignité et l'autorité d'un père de famille, dans la situation où vous êtes vous ne devez pas avoir d'autre volonté que celle de votre père. Je vous ordonne de donner le bras à votre mari et de le réconcilier avec votre cousin.

En parlant ainsi, Lhéry se retourna vers son neveu qui, pendant cette contestation, avait désarmé et caché ses pistolets; mais au lieu d'obéir à l'impulsion que voulait lui donner son oncle, il recula devant la main que lui tendait à contre-cœur Pierre Blutty.

— Jamais, mon oncle! répondit-il; je suis fâché de ne pouvoir pas reconnaître par mon obéissance l'intérêt que vous venez de me témoigner, mais il n'est pas en ma puissance de pardonner un affront. Tout ce que je puis faire, c'est de l'oublier.

Après cette réponse, il tourna le dos et disparut en se frayant avec autorité un passage au travers des curieux ébahis.

II

Bénédict s'enfonça dans le parc de Raimbault, et, se jetant sur la mousse, dans un endroit sombre, il s'abandonna aux plus tristes réflexions. Il venait de rompre le dernier lien qui l'attachait à la vie, car il sentait bien qu'après de telles relations avec Pierre Blutty, il ne pouvait plus en conserver de directes avec ses parens de la ferme. Ces lieux, où il avait passé de si heureux instans et qui étaient pour lui tout remplis des traces de Valentine, il ne les verrait plus, ou s'il y retournait quelquefois, ce serait en étranger et sans avoir la liberté d'y chercher ces souvenirs, naguère si doux, aujourd'hui si amers. Comme il arrive toujours aux esprits aigris, Bénédict se représentait ce séjour et les temps qu'il y avait passés comme des types d'un bonheur inretrouvable. Il lui semblait que de longues années de malheur le séparaient déjà de ces jours récemment écoulés, et il se reprochait de n'en avoir pas assez joui. Il se repentait des instans d'humeur qu'il n'y avait pas réprimés; il déplorait la triste nature de l'homme qui ne sait jamais la valeur de ses joies qu'après les avoir perdues.

Désormais l'existence de Bénédict était effrayante; environné d'ennemis, il serait la risée de la province; chaque jour une voix partie de trop bas pour qu'il pût se donner la peine d'y répondre, viendrait faire entendre à ses oreilles d'insolentes et atroces railleries. Chaque jour il lui faudrait rapprendre le triste dénouement de ses amours et se convaincre qu'il n'y avait plus d'espoir.

Cependant l'amour de soi, qui donne tant d'énergie aux naufragés près de périr, imprima un instant à Bénédict la volonté de vivre en dépit de tout. Il fit d'incroyables efforts pour trouver à sa vie un but, une ambition, un charme quelconque; ce fut en vain : son ame se refusait à admettre aucune autre passion que l'amour. A vingt ans, quelle autre en effet digne de l'homme? Tout lui semblait terne et décoloré après cette rapide et folle existence qui l'avait enlevé à la terre; ce qui lui eût semblé trop haut placé pour ses espérances, il y avait à peine un mois, lui semblait maintenant indigne de ses désirs. Il n'y avait au monde qu'un bonheur, qu'un amour, qu'une femme.

Quand il eut vainement épuisé ce qui lui restait de force, il tomba dans un horrible dégoût de la vie, et se résolut à en finir. Il examina ses pistolets et se dirigea vers la sortie du parc, pour aller accomplir son dessein sans troubler la fête qui rayonnait encore au travers du feuillage.

Mais auparavant il voulut avaler le fond de sa coupe de douleurs; il retourna sur ses pas, et, se glissant parmi les massifs, il arriva jusqu'au pied des murs qui renfermaient Valentine. Il les suivit au hasard pendant quelque temps. Tout était silencieux et triste dans ce grand manoir; tous les domestiques étaient à la fête. Depuis long-temps les convives s'étaient retirés. Bénédict n'entendit que la voix de la vieille marquise qui paraissait assez animée. Elle partait d'un appartement au rez-de-chaussée dont la fenêtre était entr'ouverte. Bénédict s'approcha, et recueillit des paroles qui modifièrent tout-à-coup ses résolutions.

— Je vous assure, Madame, disait la marquise, que Valentine est sérieusement malade et qu'il faudrait faire entendre raison à M. de Lansac.

— Eh, mon Dieu! Madame, répondit une voix que Bénédict jugea ne pouvoir être que celle de la comtesse, vous avez la rage de vous immiscer dans tout! Il me semble que votre intervention ou la mienne dans une pareille circonstance ne peut être que fort inconvenante.

— Madame, je ne connais pas d'inconvenance, reprit l'autre voix, lorsqu'il s'agit de la santé de ma petite-fille.

— Si je ne savais combien il vous est agréable de donner ici un autre avis que le mien, je m'expliquerais difficilement cet accès de sensibilité.

—Raillez tant qu'il vous plaira, Madame, je viens d'écouter à la porte de Valentine ne sachant point ce qui s'y passait, et me doutant de toute autre chose que de la vérité. En y entendant la voix de la nourrice au lieu de celle du cher mari, je suis entrée et j'ai trouvé Valentine fort souffrante, fort défaite, point du tout bien ; je vous assure que ce ne serait pas du tout le moment.....

— Valentine aime son mari, son mari l'aime, je suis bien certaine qu'il aura pour elle tous les égards qu'elle exigera.

— Est-ce qu'une mariée d'un jour sait exiger quelque chose? Est-ce qu'elle a des droits? Est-ce qu'on en tient compte?

La fenêtre fut fermée en cet instant, et Bénédict n'en put entendre davantage. Tout ce que la rage peut mettre au cœur d'un homme, de projets terribles et insensés, il le connut en cet instant.

O abominable violation des droits les plus sacrés! s'écria-t-il intérieurement; infâme tyrannie de l'homme sur la femme!

Mariage, sociétés, institutions, haine à vous! haine à mort! Et toi, Dieu! volonté créatrice qui nous jettes sur la terre et refuses ensuite d'intervenir dans nos destinées, toi qui livres le faible à tant de despotisme et d'abjection, je te maudis! Tu t'endors satisfait d'avoir produit, insoucieux de conserver. Tu mets en nous une ame intelligente, et tu permets au malheur de l'étouffer! Maudit sois-tu! maudites soient les entrailles qui m'ont porté!

En raisonnant ainsi, le malheureux jeune homme armait ses pistolets, déchirait sa poitrine avec ses ongles, et marchait avec agitation, ne songeant plus à se cacher. Tout-à-coup la raison, ou plutôt une sorte de lucidité dans son délire, vint l'éclairer. Il y avait un moyen de sauver Valentine d'une odieuse et flétrissante tyrannie. Il y avait un moyen de punir cette mère sans entrailles, qui condamnait froidement sa fille à un opprobre légal, au dernier des opprobres qu'on puisse infliger à la femme, le viol.

— Oui, le viol ! répétait Bénédict avec fureur. (Et il ne faut pas oublier que Bénédict était un naturel d'excès et d'exception). Chaque jour, au nom de Dieu et de la société, un manant ou un lâche obtient la main d'une malheureuse fille, que ses parens, son honneur, ou la misère, (toujours la société !) forcent d'étouffer dans son sein un amour pur et sacré. Et là, sous les yeux de la société qui approuve et ratifie, la femme pudique et tremblante qui a su résister aux transports de son amant, tombe flétrie sous les baisers du maître exécré ! Horreur ! Et il faut que cela soit ainsi !

Et Valentine, la plus belle œuvre de la création, la douce, la simple, la chaste Valentine était réservée comme les autres à cet affront ! En vain ses larmes, sa pâleur, son abattement avaient dû éclairer la conscience de sa mère, et alarmer la délicatesse de son époux. Rien ne la défendrait de la honte, cette infortunée! pas même la faiblesse de la maladie, et l'épuisement de la fièvre! Il y a sur la terre un homme assez misérable pour dire : N'importe! et une mère assez glacée pour fermer les yeux sur ce crime! Non, s'écria-t-il, cela ne sera pas! j'en jure par l'honneur de ma mère!

Il arma de nouveau ses pistolets et courut au hasard devant lui. Le bruit d'une petite toux sèche l'arrêta tout-à-coup. Dans l'état d'irritation où il était, la pénétration instinctive de la haine lui fit reconnaître à ce léger indice que M. de Lansac venait droit à lui.

Ils avançaient tous deux dans une allée de jardin anglais, allée étroite, ombreuse et tournante. Un épais massif de sapins protégea Bénédict. Il s'enfonça dans leurs rameaux sombres, et se tint prêt à brûler la cervelle à son ennemi.

M. de Lansac venait du pavillon situé dans le parc, où jusque-là il avait logé par respect pour les convenances. Il se dirigeait vers le château ; il exhalait une odeur d'ambre que Bénédict détestait presque autant que lui. Ses pas faisaient crier le sable ; le cœur de Bénédict battait haut dans sa poitrine ; son sang ne circulait plus, pourtant sa main était ferme et son coup-d'œil sûr.

Mais au moment où, le doigt sur la détente, il élevait le bras à la hauteur de cette tête détestée, d'autres pas se firent entendre, venant sur les traces de Bénédict. Il frémit de cet atroce contre-temps ; un témoin pouvait faire échouer son entreprise et l'empêcher, non pas de tuer Lansac, il sentait que nulle force humaine ne pourrait le sauver de sa haine, mais de se tuer lui-même immédiatement après. La pensée de l'échafaud le fit frémir ; il sentait que la société avait des punitions infamantes pour le crime héroïque que son amour lui dictait.

Incertain, irrésolu, il attendit et recueillit ce dialogue :

— Hé bien! Franck, que vous a répondu madame la comtesse?

— Que monsieur le comte peut entrer chez elle, répondit un laquais.

— Fort bien, vous pouvez aller vous coucher, Franck. Tenez, voici la clef de mon appartement.

— Monsieur ne rentrera pas?

— Ah! il en doute! dit monsieur de Lansac entre ses dents, et comme en se parlant à soi-même.

— C'est que monsieur le comte.... madame la marquise.... Catherine....

— C'est fort clair; allez vous coucher.

Les deux ombres noires se croisèrent sous les sapins, et Bénédict vit son ennemi se rapprocher du château. Dès qu'il l'eut perdu de vue, sa résolution lui revint.

— Je laisserais échapper cette occasion! s'écria-t-il, je laisserais seulement son pied profaner le seuil de cette demeure qui renferme Valentine!

Il se mit à courir, mais le comte avait trop d'avance sur lui ; il ne put l'atteindre avant qu'il fût entré dans la maison.

Le comte arrivait là mystérieusement, seul, sans flambeaux, comme un prince allant en conquête. Il franchit légèrement le perron, le péristyle, et monta au premier étage, car cette feinte d'aller s'entretenir avec sa belle-mère n'était qu'un arrangement de convenance pour ne pas énoncer à son laquais le motif délicat de ses empressemens. Il était convenu avec la comtesse qu'elle le ferait appeler à l'heure où sa femme consentirait à le recevoir. Madame de Raimbault n'avait pas consulté sa fille, comme l'on voit ; elle ne pensait pas qu'il en fût besoin.

Mais au moment où M. de Lansac allait être atteint par Bénédict, dont le pistolet toujours armé le suivait dans l'ombre, la *demoiselle de service* se glissa vers le diligent époux avec autant de légèreté que le lui permirent son corps balciné et ses soixante ans.

— Madame la marquise aurait un mot à dire à Monsieur, lui dit-elle.

Alors M. de Lansac prit une autre direction et la suivit. Ceci se passa rapidement et dans l'obscurité; Bénédict chercha en vain, et ne put s'imaginer par quel escamotage infernal sa proie lui échappait encore.

Seul, dans cette vaste maison, dont on avait, à dessein, éteint toutes les lumières, et, sous divers prétextes, éloigné le peu de domestiques qui ne fussent pas à la fête, Bénédict erra au hasard, essayant de rassembler ses souvenirs et de se diriger vers la chambre que Valentine devait habiter. Son parti était pris; il la soustrairait à son sort, soit en tuant son mari, soit en la tuant elle-même. Il avait souvent regardé du dehors la fenêtre de Valentine; il l'avait reconnue la nuit aux longues veilles dont la clarté de sa lampe rendait témoignage; mais comment en trouver la direction dans ces ténèbres et dans cette agitation terrible?

Il s'abandonna au hasard. Il savait seulement que cet appartement était situé au premier. Il suivit une vaste galerie et s'arrêta pour écouter. Au bout opposé, il apercevait un rayon de lumière se glissant par une porte entr'ouverte, et il lui semblait entendre un chuchottement de voix de femmes. C'était la chambre de la marquise ; elle avait fait appeler son beau-petit-fils pour l'engager à renoncer au bonheur de cette première nuit, et Catherine, qu'on avait fait venir là pour attester l'indisposition de sa maîtresse, s'en acquittait de son mieux pour seconder les intentions de Valentine. Mais M. de Lansac était fort peu persuadé, et trouvait assez ridicule que toutes ces femmes vinssent déjà glisser leur curiosité et leur influence dans les mystères de son ménage. Il résistait poliment et jurait sur son honneur d'obéir à l'ordre que Valentine lui donnerait de vive voix de se retirer.

Bénédict, ayant atteint sans bruit cette porte, entendit toute la discussion, quoiqu'elle se fît à voix basse, dans la crainte d'attirer la comtesse, qui eût détruit d'un mot tout l'effet de cette négociation.

Valentine aura-t-elle bien la force de prononcer cet ordre? se demanda Bénédict. Oh! je la lui donnerai, moi!

Et il s'avança de nouveau à tâtons vers un autre rayon de lumière plus faible qui rampait sous une porte fermée. Il y colla son oreille : c'était là! Il le sentit au battement de son cœur et à la faible respiration de Valentine, qu'il n'était sans doute donné qu'à un homme passionné comme il l'était pour elle, de saisir et de reconnaître.

Il s'appuyait oppressé, haletant, contre cette porte, lorsqu'il lui sembla qu'elle cédait. Il la poussa, et elle obéit sans bruit.

Grand Dieu! pensa Bénédict, toujours

prêt à admettre tout ce qui pouvait le torturer, l'attendait-elle donc!

Il fit un pas dans cette chambre; le lit était placé de manière à masquer la porte à la personne couchée. Une veilleuse brûlait dans son globe de verre mat. Était-ce bien là? Il avança. Les rideaux étaient à demi relevés, Valentine toute habillée sommeillait sur son lit. Son attitude témoignait assez de ses terreurs; elle était assise sur le bord de sa couche, les pieds à terre, sa tête succombant à la fatigue s'était laissée aller sur les coussins; son visage était d'une pâleur effrayante, et l'on eût pu compter les pulsations de la fièvre sur les artères gonflées de son cou et de ses tempes.

Bénédict avait eu à peine le temps de se glisser derrière le dossier de ce lit et de se presser entre le rideau et la muraille, lorsque les pas de Lansac retentirent dans le corridor.

Il venait de ce côté, il allait entrer. Bénédict tenait toujours son pistolet; là l'ennemi ne pouvait lui échapper, il n'avait qu'un mouvement à faire pour l'étendre mort avant qu'il eût effleuré seulement le lin de la couche nuptiale.

Au bruit que fit Bénédict en se cachant, Valentine, éveillée en sursaut, jeta un faible cri et se redressa précipitamment; mais ne voyant rien, elle prêta l'oreille et distingua les pas de son mari. Alors elle se leva et courut vers la porte.

Ce mouvement faillit faire éclater Bénédict. Il sortit à demi de sa cachette pour aller brûler la cervelle à cette femme impudique et menteuse, mais Valentine n'avait eu d'autre intention que de verrouiller sa porte.

Cinq minutes se passèrent dans le plus parfait silence, au grand étonnement de Valentine et de Bénédict; celui-ci s'était caché de nouveau lorsqu'on frappa doucement. Valentine ne répondit pas; mais Bénédict, penché hors des rideaux, entendit le bruit inégal de sa respiration entrecoupée; il voyait son effroi, ses lèvres livides, ses mains crispées contre le verrou qui la défendait.

Courage, Valentine! allait-il s'écrier, nous sommes deux pour soutenir l'assaut! lorsque la voix de Catherine se fit entendre :

— Ouvrez, Mademoiselle, disait-elle ; n'ayez plus peur, c'est moi, je suis seule. *Monsieur* est parti, il s'est rendu aux raisons de madame la marquise et à la demande que je lui ai faite en votre nom de se retirer. Oh! nous vous avons faite bien plus malade que vous n'êtes, j'espère, ajouta la bonne femme en entrant et en recevant Valentine dans ses bras. N'allez pas vous aviser de l'être aussi sérieusement que nous nous en sommes vantées, au moins!

— Oh! tout à l'heure, je me sentais mourir, répondit Valentine en l'embrassant, mais à présent je suis mieux, tu m'as sauvée encore pour quelques heures. Après, que Dieu me protège!

— Eh, mon Dieu, chère enfant! dit Catherine, quelles idées avez-vous donc? Allons, couchez-vous. Je passerai la nuit auprès de vous.

— Non, Catherine, va te reposer. Voici bien des nuits que je te fais passer. Va-t'en ; je l'exige. Je suis mieux ; je dormirai bien. Seulement, enferme-moi, prends la clef, et ne te couche que lorsque toute la maison sera fermée.

— Oh! n'ayez pas peur. Tenez, voici qu'on ferme déjà ; n'entendez-vous pas rouler la grosse porte?

— Oui, c'est bien. Bonsoir, nourrice, ma bonne nourrice.

La nourrice fit encore quelques difficultés pour se retirer. Elle craignait que Valentine ne se trouvât plus mal dans la nuit. Enfin, elle céda et se retira après avoir fermé la porte, dont elle emporta la clef.

— Si vous avez besoin de quelque chose, cria-t-elle du dehors, vous me sonnerez.

— Oui, sois tranquille, dors bien, répondit Valentine.

Elle tira les verroux, et secouant ses cheveux épars, elle posa ses mains sur son front, en respirant fortement comme une personne délivrée enfin d'une grande anxiété; puis elle revint à son lit et se laissa tomber assise, avec la raideur que donnent le découragement et la maladie. Bénédict se pencha et put la voir. Il eût pu se montrer tout-à-fait sans qu'elle y prît garde. Les bras pendans, l'œil fixe sur le parquet, elle était là comme une froide statue ; ses facultés semblaient épuisées, son cœur éteint.

III.

Bénédict entendit successivement fermer toutes les portes de la maison. Peu à peu les pas des domestiques s'éloignèrent du rez-de-chaussée, les reflets que quelques lumières errantes faisaient courir sur le feuillage s'éteignirent, les sons lointains des instrumens et quelques coups de pistolets venaient seuls par intervalles rompre le silence ; Bénédict se trouvait dans une situation inouïe, et qu'il n'eût jamais osé rêver. Cette nuit, cette horrible nuit, qu'il devait passer dans les angoisses de la rage, elle le réunissait à Valentine! M. de Lansac retournait seul à son gîte, et Bénédict, le désolé Bénédict, qui devait se brûler la cervelle dans un fossé, il était là enfermé seul avec Valentine! Il eut des remords d'avoir renié son Dieu, d'avoir maudit le jour de sa naissance. Cette joie imprévue, qui succédait à la pensée de l'assassinat et à celle du suicide, le saisit si impétueusement, qu'il ne songea pas à en calculer les suites terribles. Il ne s'avoua point que, s'il était découvert en ce lieu, Valentine était perdue. Il ne se demanda pas si cette conquête inespérée d'un instant de joie ne rendrait pas plus odieuse ensuite la nécessité de mourir. Il s'abandonna au délire qu'un tel triomphe sur sa destinée lui causait. Il mit ses deux mains sur sa poitrine pour en maîtriser les ardentes palpitations. Mais, au moment de se trahir par ses transports, il s'arrêta, dominé par la crainte d'offenser Valentine, par cette timidité respectueuse et chaste qui est le principal caractère du véritable amour.

Irrésolu, le cœur plein d'angoisses et d'impatiences, il allait se déterminer, lorsqu'elle sonna, et au bout d'un instant Catherine reparut.

— Bonne nourrice, lui dit-elle, tu ne m'as pas donné ma potion.

— Ah! votre *portion?* dit la bonne femme; je pensais que vous ne la prendriez pas aujourd'hui. Je vais la préparer.

— Non, cela serait trop long. Fais dissoudre un peu d'opium dans l'eau de fleur d'orange.

— Mais cela pourra vous faire mal?

— Non. Jamais l'opium ne peut faire de mal dans l'état où je suis.

— Je n'en sais rien, moi. Vous n'êtes pas médecin ; voulez-vous que j'aille demander à madame la marquise ?

— Oh! pour Dieu, ne fais pas cela. Ne crains donc rien. Tiens, donne-moi la boîte. Je sais la dose.

— Oh! vous en mettez deux fois trop!

— Non, te dis-je : puisqu'il m'est enfin accordé de dormir, je veux pouvoir en profiter. Pendant ce temps-là, je ne penserai pas.

Catherine secoua la tête d'un air triste, et délaya une assez forte dose d'opium, que Valentine avala à plusieurs reprises en se déshabillant ; et, quand elle fut enveloppée de son peignoir, elle congédia de nouveau sa nourrice et se mit au lit.

Bénédict, enfoncé dans sa cachette, n'avait pas osé faire un mouvement. Cependant la crainte d'être aperçu par la nourrice était bien moins forte que celle qu'il éprouvait en se retrouvant seul avec Valentine. Après un terrible combat avec lui-même, il se hasarda à soulever doucement le rideau. Le frôlement de la soie n'éveilla point Valentine. L'opium faisait déjà son effet. Cependant Bénédict crut qu'elle entr'ouvrait les yeux. Il eut peur, et laissa retomber le rideau dont la frange entraîna un flambeau de bronze placé sur son guéridon, et le fit tomber avec assez de bruit. Valentine tressaillit faiblement, mais ne sortit point de sa léthargie. Alors Bénédict resta debout auprès d'elle, plus libre encore de la contempler qu'au jour où il avait adoré son image répétée dans l'eau. Seul à ses pieds dans ce solennel silence de la nuit, protégé par ce sommeil artificiel qu'il n'était pas en son pouvoir de rompre, il croyait accomplir une destinée magique. Il n'avait plus rien à craindre de sa colère, il pouvait s'enivrer du bonheur de la voir sans être troublé dans sa joie ; il pouvait lui parler sans qu'elle l'entendît, lui dire tout son amour, tous ses tourmens sans faire évanouir ce faible et mystérieux sourire qui errait sur ses lèvres à demi entr'ouvertes. Il pouvait coller ses lèvres sur sa bouche sans qu'elle le repoussât... Mais l'impunité ne l'enhardit point jusque-là. C'est dans son cœur que Valentine avait un culte presque divin, et elle n'avait pas besoin de protections extérieures contre lui. Il était sa sauve-garde et son défenseur contre lui-même. Il s'agenouilla devant elle, et se contenta de prendre sa main pendante au bord du lit, de la soutenir dans les siennes, d'en admirer la finesse et la blancheur, et d'y appuyer ses lèvres tremblantes. Cette main portait l'anneau nuptial, le premier anneau d'une chaîne pesante et indissoluble. Bénédict eût pu l'ôter et l'anéantir, il ne le voulut point ; son ame était revenue à des impressions plus douces ; il voulait respecter dans Valentine jusqu'à l'emblème de ses devoirs.

Car dans cette délicieuse extase il avait

bientôt oublié tout. Il se crut heureux et plein d'avenir illusoire, mais enivrant comme aux beaux jours de la ferme. Il s'imagina que la nuit ne devait pas finir, que Valentine ne devait pas s'éveiller, et qu'il accomplissait là son éternité de bonheur.

Long-temps cette contemplation fut sans danger. Les anges sont moins purs que le cœur d'un homme de vingt ans, lorsqu'il aime avec passion; mais il tressaillit lorsque Valentine, émue par un de ces rêves heureux que crée l'opium, se pencha doucement vers lui et pressa faiblement sa main en murmurant des paroles indistinctes. Bénédict tressaillit et se serra contre le lit, effrayé de lui-même.

— Oh! Bénédict! lui dit Valentine d'une voix faible et lente, Bénédict, c'est vous qui m'avez épousée aujourd'hui? Je croyais que c'était un autre : dites-moi bien que c'est vous!...

— Oui, c'est moi, c'est moi! dit Bénédict éperdu, en pressant contre son cœur agité cette main qui cherchait la sienne.

Valentine, à demi éveillée, se dressa sur son chevet, ouvrit les yeux et fixa sur lui des prunelles pâles qui flottaient dans le vague des songes ; il y eut comme un sentiment d'effroi sur ses traits, puis elle referma les yeux et retomba en souriant sur son oreiller.

— C'est vous que j'aimais, lui dit-elle ; mais comment l'a-t-on permis ?

Elle parlait si bas et articulait si faiblement, que Bénédict recueillait lui-même ses paroles comme le murmure angélique qu'on entend dans les songes.

— O ma bien aimée, s'écria-t-il en se penchant vers elle, dites-le-moi encore, dites-le-moi, pour que je meure de joie à vos pieds !

Mais Valentine le repoussa.

— Laissez-moi ! dit-elle.

Et ses paroles devinrent inintelligibles.

Bénédict crut comprendre qu'elle le prenait pour M. de Lansac. Il se nomma plusieurs fois avec insistance, et Valentine, flottant entre la réalité et l'illusion, s'éveillant et s'endormant tour-à-tour, lui dit ingénument tous ses secrets. Un instant elle crut voir M. de Lansac qui la poursuivait une épée à la main; elle se jeta dans le sein de Bénédict, et passant ses bras autour de son cou :

— Mourons tous deux ! lui dit-elle.

— Oh ! tu as raison, s'écria-t-il. Sois à moi, et mourons.

Il posa ses pistolets sur le guéridon, et étreignit dans ses bras le corps souple et languissant de Valentine. Mais elle lui dit encore :

— Laisse-moi, mon ami; je meurs de fatigue, laisse-moi dormir.

Elle appuya sa tête sur le sein de Bénédict, et il n'osa faire un mouvement de peur de la déranger. C'était un si grand bonheur que de la voir dormir dans ses bras! Il ne se souvenait déjà plus qu'il en pût exister un autre.

— Dors, dors, ma vie! lui disait-il en effleurant doucement son front avec ses lèvres; dors, mon ange. Sans doute tu vois la Vierge aux cieux, et elle te sourit, car elle te protége. Va, nous serons unis là-haut!

Il ne put résister au désir de détacher doucement son bonnet de dentelle, et de répandre sur elle et sur lui cette magnifique chevelure d'un blond cendré qu'il avait regardée tant de fois avec amour. Qu'elle était soyeuse et parfumée! que son frais contact allumait chez lui de délire et de fièvre! Vingt fois il mordit les draps de Valentine et ses propres mains pour s'arracher, par la sensation d'une douleur physique, aux emportemens de sa joie. Assis sur le bord de cette couche, dont le linge odorant et fin le faisait frissonner, il se jetait rapidement à genoux pour reprendre de l'empire

sur lui-même, et il se bornait à la regarder. Il
l'entourait chastement des mousselines brodées qui protégeaient mal son jeune sein si
paisible et si pur. Il ramenait même un peu
du rideau sur son visage pour ne plus la
voir, et trouver la force de s'en aller.
Mais Valentine, éprouvant ce besoin d'air
qu'on ressent dans le sommeil, repoussait
cet obstacle, et, se rapprochant de lui, semblait appeler ses caresses d'un air naïf et
confiant. Alors Bénédict ne se possédait
plus. Il soulevait les tresses de ses cheveux
et en remplissait sa bouche pour s'empêcher de crier. Il pleurait de rage et d'amour.
Enfin, dans un instant de douleur inouïe, il
mordit l'épaule ronde et blanche qu'elle livrait à sa vue. Il la mordit cruellement, et
elle s'éveilla, mais sans témoigner de souffrance. En la voyant se dresser de nouveau
sur son lit, le regarder avec plus d'attention, et passer sa main sur lui pour s'assurer qu'il n'était point un fantôme, Béné-

dict, qui était alors assis tout-à-fait auprès d'elle, se crut perdu ; tout son sang, qui bouillonnait, se glaça ; il devint pâle, et lui dit, sans savoir ce qu'il disait :

— Valentine, pardon ; je me meurs, si vous n'avez pitié de moi...

—Pitié de toi! lui dit-elle d'une voix forte et brève comme on l'a dans le somnambulisme, qu'as-tu ? souffres-tu ? Viens dans mes bras, comme tout-à-l'heure ; viens ! N'étais-tu pas heureux ?

— O Valentine! s'écria Bénédict, devenu fou, dis-tu vrai ? Me reconnais-tu ? Sais-tu qui je suis ?

— Oui! lui dit-elle en s'assoupissant sur son épaule, ma bonne nourrice !

— Non ! non ! Bénédict ! Bénédict ! entends-tu ? l'homme qui t'aime plus que sa vie ! Bénédict !

Et il la secoua pour la réveiller, mais cela était impossible. Il ne pouvait qu'exciter en elle l'ardeur des songes. Cette fois, la lucidité du sien fut telle qu'il s'y trompa.

— Oui! c'est toi, dit-elle en se redressant, mon mari; je le sais, mon Bénédict; je t'aime aussi. Embrasse-moi, mais ne me regarde pas. Éteins cette lumière; laisse-moi cacher mon visage contre ta poitrine.

En même temps elle l'entoura de ses bras et l'attira vers elle avec une force fébrile extraordinaire. Ses joues étaient vivement colorées, ses lèvres étincelaient. Il y avait dans ses yeux éteints un feu subit et fugitif : évidemment elle avait le délire. Mais Bénédict pouvait-il distinguer cette excitation maladive de l'ivresse passionnée qui le dévorait? Il se jeta sur elle avec désespoir, et, près de céder à ses fougueuses tortures, il laissa échapper des cris nerveux et déchirans. Aussitôt des pas se firent entendre, et la clef tourna dans la serrure. Bénédict n'eut que le temps de se jeter derrière le lit, Catherine entra.

La nourrice examina Valentine, s'étonna

du désordre de son lit et de l'agitation de son sommeil. Elle tira une chaise et resta près d'elle environ un quart d'heure. Bénédict crut qu'elle allait y passer le reste de la nuit et la maudit mille fois. Cependant Valentine, n'étant plus excitée par le souffle embrasé de son amant, par le magnétisme brûlant de son contact, retomba dans une torpeur immobile et paisible. Catherine, rassurée, s'imagina qu'un rêve l'avait trompée elle-même lorsqu'elle avait cru entendre crier. Elle remit le lit en ordre, arrangea les draps autour de Valentine, releva ses cheveux sous son bonnet, et ramena les plis de sa camisole sur sa poitrine pour la préserver de l'air de la nuit; puis elle se retira doucement, et tourna deux fois la clef dans la serrure. Ainsi il était impossible à Bénédict de s'en aller par-là.

Quand il se retrouva maître de Valentine, connaissant maintenant tout le danger de sa situation, il s'éloigna du lit avec effroi, et s'alla jeter sur une chaise à l'autre bout de la chambre. Là, il cacha sa tête dans ses mains, et chercha à résumer les conséquences de sa position.

Ce courage féroce qui lui eût permis, quelques heures auparavant, de tuer Valentine, il ne l'avait plus. Ce n'était pas après avoir contemplé ses charmes modestes et touchans qu'il pouvait se sentir l'énergie de détruire cette belle œuvre de Dieu ; c'était Lansac qu'il fallait tuer. Mais Lansac ne pouvait pas mourir seul, il fallait le suivre, et que deviendrait Valentine ensuite, sans amant, sans époux ? Comment la mort de l'un lui profiterait-elle si l'autre ne lui restait ?

Et puis, qui sait si elle ne maudirait pas l'assassin de ce mari qu'elle n'aimait pas ? Elle si pure, si pieuse et d'une ame si droite et si honnête, comprendrait-elle la sublimité d'un dévouement si sauvage ? Le souvenir de Bénédict ne lui resterait-il pas funeste et odieux dans le cœur, souillé de ce sang et de ce terrible nom d'*assassin!*

— Ah! puisque je ne peux jamais la posséder, se dit-il, il ne faut pas du moins qu'elle haïsse ma mémoire! Je mourrai seul, et peut-être osera-t-elle me pleurer dans le secret de ses prières.

Il approcha sa chaise du bureau de Valentine; tout ce qu'il fallait pour écrire s'y trouvait. Il alluma un flambeau, ferma les rideaux du lit pour ne plus la voir et trouver la force de lui dire un éternel adieu. Il tira les verroux de la porte afin de n'être pas surpris à l'improviste, et il écrivit à Valentine.

« Il est deux heures du matin, et je suis seul avec vous, Valentine, seul, dans votre chambre, maître de vous plus que ne le sera jamais votre mari, car vous m'avez dit que vous m'aimiez, vous m'avez appelé sur votre cœur dans le secret de vos rêves, vous m'avez presque rendu mes caresses, vous m'avez fait, sans le vouloir, le plus heureux et le plus misérable des hommes ; et pourtant, Valentine, je vous ai respectée au milieu du plus terrible délire qui ait envahi des facultés humaines. Vous êtes toujours là, pure et sacrée pour moi, et vous pourrez vous éveiller sans rougir. Oh ! Valentine ! il faut que je vous aime bien !

» Mais quelque douloureux et incomplet qu'ait été mon bonheur, il faut que je le paie de ma vie. Après des heures comme celles que je viens de passer à vos genoux, les lèvres collées sur votre main, sur vos cheveux, sur le fragile vêtement qui vous protége, je ne puis pas vivre un jour de plus. Après de tels transports, je ne puis pas retourner à la vie commune, à la vie odieuse que je mènerais désormais loin de vous ! Rassure-toi, Valentine, l'homme qui t'a moralement possédée cette nuit ne verra pas lever le soleil.

» Et sans cette résolution irrévocable, où aurais-je trouvé l'audace de pénétrer ici et d'y avoir des pensées de bonheur? Comment aurais-je osé vous regarder et vous parler comme je l'ai fait même pendant votre sommeil? Ce ne sera pas assez de tout mon sang pour payer la destinée qui m'a vendu de pareils instans.

» Il faut que vous sachiez tout, Valentine : j'étais venu pour assassiner votre mari. Quand j'ai vu qu'il m'échappait, j'ai résolu de vous tuer avec moi. Rassurez-vous, quand vous lirez ceci, mon cœur aura cessé de battre; mais cette nuit, Valentine, au moment où vous m'avez appelé dans vos bras, un pistolet armé était levé sur votre tête.

» Et puis je n'ai pas eu le courage, je ne l'aurai pas. Si je pouvais vous tuer du même coup que moi, ce serait déjà fait; mais il faudrait vous voir souffrir, voir votre sang couler, votre ame se débattre contre la mort, et ce spectacle, ne durât-il qu'une seconde, cette seconde résumerait à elle seule plus de douleurs qu'il n'y en a eu dans toute ma vie.

» Vivez donc! et que votre mari vive aussi! Cela, Valentine, la vie que je lui accorde, voyez-vous, c'est encore plus que le respect qui vient de m'enchaîner, mourant de désirs, au pied de votre lit. Il m'en coûte plus pour renoncer à satisfaire ma haine qu'il ne m'en a coûté pour vaincre mon amour : c'est que sa mort vous déshonorerait peut-être. Témoigner ainsi ma jalousie au monde, c'était peut-être lui avouer votre amour autant que le mien; car vous m'aimez, Valentine, vous me l'avez dit tout-à-l'heure, malgré vous. Et hier au soir, au bout de la prairie, quand vous pleuriez dans mon sein, n'était-ce pas aussi de l'amour? Ah! ne vous éveillez pas, laissez-moi emporter cette pensée dans le tombeau!

» Car mon suicide ne vous compromettra pas. Vous seule saurez pour qui je meurs.

Le scalpel du chirurgien ne trouvera pas votre nom écrit au fond de mon cœur, mais vous saurez que ses dernières palpitations étaient pour vous.

» Adieu, Valentine, adieu, le premier, le seul amour de ma vie! Bien d'autres vous aimeront, qui ne le ferait! mais une seule fois vous aurez été aimée comme vous deviez l'être. L'ame que vous avez remplie devait retourner au sein de Dieu afin de ne pas dégénérer sur la terre.

» Après moi, Valentine, quelle sera votre vie? Hélas! je l'ignore. Sans doute vous vous soumettrez à votre sort, mon souvenir s'émoussera, vous tolérerez peut-être tout ce qui vous semble odieux aujourd'hui, il le faudra bien.... O Valentine! voyez-vous, si j'épargne votre mari, c'est pour que vous ne me maudissiez pas, c'est pour que Dieu ne m'exile pas du ciel, où votre place est marquée. Dieu, protégez-moi! Valentine, priez pour moi!

» Adieu.... Je viens de m'approcher de vous, vous dormez, vous êtes calme. Oh! si vous saviez comme vous êtes belle! oh! jamais, jamais une poitrine d'homme ne renfermera sans se briser tout l'amour que j'avais pour vous!

» Si l'ame n'est pas un vain souffle que le vent disperse, la mienne habitera toujours près de vous.

» Le soir, quand vous irez au bout de la prairie, pensez à moi si la brise soulève vos cheveux, et si, dans ses froides caresses, vous sentez courir tout-à-coup une haleine embrasée. La nuit, dans vos songes, si un baiser mystérieux vous effleure, souvenez-vous de Bénédict! »

Il plia ce papier et le mit sur le guéridon, à la place de ses pistolets, que Catherine avait presque touchés sans les voir. Il les désarma, les prit sur lui, se pencha vers Valentine, la regarda encore avec enthousiasme, déposa un baiser, le premier et le dernier, sur ses lèvres ; puis il s'élança vers la fenêtre, et, avec le courage d'un homme qui n'a rien à risquer, il descendit au péril de sa vie. Il pouvait tomber de trente pieds de haut, ou bien recevoir un coup de fusil, comme un voleur. Mais que lui importait ! La seule crainte de compromettre Valentine l'engageait à prendre des précautions pour n'éveiller personne. Le désespoir lui donna des forces surnaturelles ; car, pour ceux qui regarderaient aujourd'hui de sang-froid la distance des croisées du rez-de-chaussée à celles du premier étage, au château de Raimbault, la nudité lisse du mur et l'absence de tout point d'appui, une pareille entreprise semblerait fabuleuse.

Il atteignit pourtant le sol sans éveiller personne. Il gagna la campagne par-dessus les murs.

Les premières lueurs du matin blanchissaient l'horizon.

IV

Valentine, plus fatiguée d'un semblable sommeil qu'elle ne l'eût été d'une insomnie, s'éveilla fort tard. Le soleil était haut et chaud dans le ciel, mille insectes bourdonnaient dans ses rayons. Long-temps plongée dans ce mol engourdissement qui suit le réveil, Valentine ne cherchait point encore à recueillir ses idées ; elle écoutait vaguement les mille bruits de l'air et des champs. Elle ne souffrait point parce qu'elle avait oublié bien des choses et qu'elle en ignorait plus encore.

Enfin elle se souleva pour prendre un verre d'eau sur le guéridon, et trouva la lettre de Bénédict ; elle la retourna dans ses doigts lentement, et sans avoir la conscience de ce qu'elle faisait. Enfin elle y jeta les yeux, et, en reconnaissant l'écriture, elle tressaillit et l'ouvrit d'une main convulsive. Le rideau venait de tomber, elle voyait à nu toute sa vie.

Aux cris déchirans qui lui échappèrent, Catherine accourut, elle avait la figure renversée ; Valentine comprit sur-le-champ la vérité.

— Parle ! s'écria-t-elle, où est Bénédict, qu'est devenu Bénédict ?

Et voyant le trouble et la consternation

de sa nourrice, elle dit en joignant les mains:

— O mon Dieu ! c'est donc bien vrai, tout est fini !

— Hélas ! Mademoiselle, comment donc le savez-vous ? dit Catherine, en s'asseyant sur le lit ; qui donc a pu entrer ici ? J'avais la clef dans ma poche. Est-ce que vous avez entendu?.. Mais mademoiselle Beaujon me l'a dit si bas, dans la crainte de vous éveiller... Je savais bien que cette nouvelle vous ferait du mal.

— Ah ! il s'agit bien de moi ! s'écria Valentine avec impatience en se levant brusquement. Parlez donc ! qu'est devenu Bénédict ?

Effrayée de cette véhémence, la nourrice baissa la tête et n'osa répondre.

— Il est mort, je le sais ! dit Valentine en retombant sur son lit, pâle et suffoquée ; mais depuis quand ?

— Hélas ! dit la nourrice, on ne sait ; le malheureux jeune homme a été trouvé au

bout de la prairie, ce matin, au petit jour.
Il était couché dans un fossé et couvert de
sang. Les métayers de la Croix-Bleue, en
s'en allant chercher leurs bœufs au pâturage,
l'ont ramassé, et tout de suite on l'a porté
dans sa maison : il avait la tête fracassée
d'un coup de pistolet, et le pistolet était encore dans sa main. La justice s'y est transportée sur-le-champ. Ah, mon Dieu ! quel
malheur ! Qu'est-ce qui a pu causer tant de
chagrin à ce jeune homme ! On ne dira pas
que c'est la misère. M. Lhéry l'aimait comme
son fils, et madame Lhéry, que va-t-elle
dire ! Ce sera une désolation.

Valentine n'écoutait plus, elle était tombée sur son lit, roide et froide. En vain Catherine essaya de la réveiller par ses cris et
ses caresses : il semblait qu'elle fût morte.
La bonne nourrice, en voulant ouvrir ses
mains contractées, y trouva une lettre froissée. Elle ne savait pas lire, mais elle avait
l'instinct du cœur, qui avertit des dangers

de la personne qu'on aime. Elle lui retira
cette lettre et la cacha avec soin avant d'appeler du secours.

Bientôt la chambre de Valentine fut pleine
de monde, mais tous les efforts furent vains
pour la ranimer. Un médecin qu'on fit venir
promptement lui trouva une congestion cérébrale très-grave, et parvint, à force de
saignées, à rappeler la circulation; mais les
convulsions succédèrent à cet état d'accablement, et pendant huit jours Valentine
fut entre la vie et la mort.

La nourrice se garda bien de dire la cause
de cette funeste émotion; elle n'en parla
qu'au médecin sous le sceau du secret, et
voici comment elle fut conduite à comprendre qu'il y avait dans tous ces événemens une
liaison qu'il était nécessaire de ne faire saisir
à personne. En voyant Valentine un peu
mieux, après la saignée, le jour même de
l'événement, elle se mit à réfléchir à la manière surnaturelle dont sa jeune maîtresse

en avait été informée. Cette lettre qu'elle avait trouvée dans sa main lui rappela le billet qu'on l'avait chargée de lui remettre la veille, avant le mariage, et qui avait été apporté par la vieille gouvernante de Bénédict. Étant descendue un instant à l'office, elle entendit les domestiques commenter la cause de ce suicide, et se dire tout bas que dans la soirée précédente une querelle avait eu lieu entre Pierre Blutty et Bénédict, au sujet de mademoiselle de Raimbault. On ajoutait que Bénédict vivait encore, et que le même médecin qui soignait dans ce moment Valentine, ayant pansé le blessé dans la matinée, avait refusé de se déclarer positivement sur sa situation. Une balle avait fracassé le front et était ressortie au-dessus de l'oreille; cette blessure-là, quoique grave, n'était peut-être point mortelle, mais on ignorait de combien de balles était chargé le pistolet. Il se pouvait qu'une seconde fût logée dans l'intérieur du crâne, et, en ce cas, le répit qu'éprouvait en ce moment le moribond ne pouvait servir qu'à prolonger ses souffrances.

Aux yeux de Catherine, il devait donc être prouvé que cette catastrophe et les chagrins qui l'avaient précédée avaient une influence directe sur l'état effrayant de Valentine. Cette bonne femme s'imagina qu'un rayon d'espérance, si faible qu'il fût, devait produire plus d'effet sur son mal que tous les secours de la médecine. Elle courut à la chaumière de Bénédict, qui n'était qu'à une demi-lieue du château, et s'assura par elle-même qu'il y avait encore chez cet infortuné un souffle de vie. Beaucoup de voisins, attirés par la curiosité plus que par l'intérêt, encombraient sa porte; mais le médecin avait ordonné qu'on laissât entrer peu de monde, et M. Lhéry, qui était installé au chevet du mourant, ne reçut Catherine qu'après beaucoup de difficultés. Madame Lhéry ignorait encore cette triste nouvelle;

elle était allée faire *le retour de noces* de sa fille à la ferme de Pierre Blutty.

Catherine, après avoir examiné le malade et recueilli l'opinion de Lhéry, s'en retourna aussi peu fixée qu'auparavant sur les véritables suites de la blessure, mais complètement éclairée sur les causes du suicide. Au moment où elle sortait de cette maison, elle tressaillit en jetant les yeux sur une chaise où l'on avait déposé les vêtemens ensanglantés de Bénédict. Comme il arrive toujours que nos regards s'arrêtent, en dépit de nous, sur un objet d'effroi ou de dégoût, ceux de Catherine ne purent se détacher de cette chaise, et y découvrirent un mouchoir de soie des Indes, horriblement taché de sang. Aussitôt elle reconnut le foulard qu'elle avait mis elle-même autour du cou de Valentine en la voyant sortir dans la soirée qui précéda le mariage, et qu'elle avait perdu dans sa promenade au bout de la prairie. Ce fut un trait de lumière irrécusable ;

elle choisit donc un moment où l'on ne faisait point attention à elle pour s'emparer de ce mouchoir qui eût pu compromettre Valentine, et pour le cacher dans sa poche.

De retour au château, elle se hâta de le serrer dans sa chambre et ne songea plus à s'en occuper. Elle essaya, dans les rares instans où elle se trouva seule avec Valentine, de lui faire comprendre que Bénédict pouvait être sauvé. Mais ce fut en vain. Les facultés morales semblaient complètement épuisées chez Valentine. Elle ne soulevait même plus ses paupières pour reconnaître la personne qui lui parlait. S'il lui restait une pensée, c'était la satisfaction de se voir mourir.

Huit jours s'étaient ainsi passés. Il y eut alors un mieux sensible. Valentine parut retrouver la mémoire, et se soulagea par d'abondantes larmes. Mais, comme on ne put jamais lui faire dire le motif de cette douleur, on pensa qu'il y avait encore de l'égarement dans son cerveau. La nourrice seule guettait un instant favorable pour parler; mais M. de Lansac, étant à la veille de partir, se *faisait un devoir* de ne plus quitter l'appartement de sa femme.

M. de Lansac venait de recevoir sa nomination à la place de premier secrétaire d'ambassade (jusque-là il n'avait été que le second), et en même temps l'ordre de rejoindre aussitôt son chef, et de partir avec ou sans sa femme pour la Russie.

Il n'était jamais entré dans les dispositions sincères de M. de Lansac d'emmener sa femme en pays étranger. Dans le temps où il avait le plus fasciné Valentine, elle lui avait demandé s'il l'emmènerait en *mission;* et, pour ne pas lui sembler au-dessous de ce qu'il affectait d'être, il lui avait répondu que son vœu le plus ardent était de ne jamais se séparer d'elle. Mais il s'était bien promis d'user de son adresse, et, s'il le fallait, de son autorité, pour préserver sa vie nomade des embarras domestiques. Cette coïncidence d'une maladie qui n'était plus sans espoir, mais qui menaçait d'être longue pour Valentine, avec la nécessité pour lui de partir immédiatement, était donc favorable aux intérêts et aux goûts de M. de Lansac. Quoique madame de Raimbault fût une personne fort habile et fort calculatrice en matière d'intérêts pécuniaires, elle s'était laissée complètement circonvenir par l'habileté bien supérieure de son gendre. Le contrat, après les discussions les plus dégoûtantes pour le fond, les plus délicates pour la forme, avait été dressé tout à l'avantage de M. de Lansac. Il avait usé, dans la plus grande extension possible, de l'élasticité des lois pour se rendre maître de la fortune de sa femme, et il avait fait consentir les *parties contractantes* à donner des espérances considérables à ses créanciers sur la terre de Raimbault. Ces légères particularités de sa conduite avaient bien failli rompre le mariage, mais il avait su, en flattant toutes les ambitions de la comtesse, s'emparer d'elle mieux qu'auparavant. Quant à Valentine, elle ignorait tellement les affaires, et sentait une telle répugnance à s'en occuper, qu'elle souscrivit, sans y rien comprendre, à tout ce qui fut exigé d'elle.

M. de Lansac, voyant ses dettes pour ainsi dire payées, partit donc sans beaucoup regretter sa femme, et, se frottant les mains, il se vanta intérieurement d'avoir mené à bien une délicate et excellente affaire. Cet ordre de départ arrivait on ne peut plus à propos pour le délivrer du rôle difficile qu'il jouait à Raimbault depuis son mariage. Devinant peut-être qu'une inclination contrariée causait le chagrin et la maladie de Valentine, et, dans tous les cas, se sentant fort offensé des sentimens qu'elle lui témoignait, il n'avait cependant aucun droit jusque-là d'en montrer son dépit. Sous les yeux de ces deux mères, qui faisaient un si grand étalage de leur tendresse et de leur inquiétude, il n'osait point laisser percer l'ennui et l'impatience qui le dévoraient. Sa situation était donc extrèmement pénible, au lieu qu'en faisant une absence indéfinie, il se soustrayait en outre aux désagrémens qui devaient résulter de la vente forcée des terres de Raimbault, car le principal de ses créanciers réclamait impérieusement ses fonds, qui se montaient à environ cinq cent mille francs ; et bientôt cette belle propriété, que madame de Raimbault avait mis tant d'orgueil à recompléter, devait, à son grand déplaisir, être démembrée et réduite à de chétives dimensions.

En même temps M. de Lansac se débarrassait des pleurs et des caprices d'une nouvelle épousée.

— En mon absence, se disait-il, elle pourra s'habituer à l'idée d'avoir aliéné sa liberté. Son caractère calme et retiré s'accommodera de cette vie tranquille et obscure où je la laisse, ou si quelque amour romanesque trouble son repos, eh bien! elle aura le temps de s'en guérir ou de s'en lasser avant mon retour.

M. de Lansac était un homme sans préjugés, aux yeux de qui toute sentimentalité, tout raisonnement, toute conviction se rapportaient à ce mot puissant qui gouverne l'univers : l'argent.

Madame de Raimbault avait d'autres propriétés en diverses provinces, et des procès partout. Les procès étaient l'occupation majeure de sa vie; elle prétendait qu'ils la minaient de fatigues et d'agitations, mais sans eux elle fût morte d'ennui. C'était, depuis la perte de ses grandeurs, le seul aliment qu'eût son activité et son amour de l'intrigue; elle y épanchait aussi toute la bile que les contrariétés de sa situation amassaient en elle. Dans ce moment, elle en avait un fort important, en Sologne, contre les habitans d'un bourg, qui lui disputaient une vaste étendue de bruyères. La cause allait être plaidée, et la comtesse brûlait d'être sur les lieux pour stimuler son avocat, influencer ses juges, menacer ses adversaires, se livrer enfin à toute cette activité fébrile qui est le ver rongeur des ames long-temps nourries d'ambition. Sans la maladie de Valentine, elle s'était promis de partir le lendemain du mariage pour aller s'occuper de cette affaire. Maintenant, la voyant hors de danger et n'ayant qu'une courte absence à faire, elle se décida à partir avec son gendre, qui prenait la route de Paris, et qui lui fit ses adieux à mi-chemin sur le lieu de la contestation.

Valentine restait seule pour plusieurs jours, avec sa grand'mère et sa nourrice, au château de Raimbault.

Une nuit, Bénédict, accablé jusque-là par des souffrances atroces, qui ne lui avaient pas laissé retrouver une pensée, s'éveilla plus calme et fit un effort pour se rappeler sa situation. Sa tête était empaquetée au point qu'une partie de son visage était privée d'air. Il fit un mouvement pour soulever ces obstacles et retrouver la première faculté qui s'éveille en nous, le besoin de voir avant celui même de penser. Aussitôt une main légère détacha des épingles, dénoua un bandeau et l'aida à se satisfaire. Il regarda cette femme pâle qui se penchait sur lui, et, à la lueur vacillante d'une veilleuse, il distingua un profil noble et pur, qui avait de la ressemblance avec celui de Valentine. Il crut avoir une vision, et sa main chercha celle du fantôme. Le fantôme saisit la sienne et y colla ses lèvres.

— Qui êtes-vous ? dit Bénédict en frissonnant.

— Vous le demandez ? lui répondit la voix de Louise.

Cette bonne Louise avait tout quitté pour venir soigner son ami. Elle était là jour et nuit, souffrant à peine que madame Lhéry la relayât pendant quelques heures dans la matinée, se dévouant au triste emploi d'infirmière auprès d'un moribond presque sans espoir de salut. Pourtant, grâce aux admirables soins de Louise et à sa propre jeunesse, Bénédict échappa à une mort quasi certaine, et un jour il trouva assez de force pour la remercier, et lui reprocher en même temps de lui avoir conservé la vie.

— Mon ami, lui dit Louise, effrayée de l'abattement moral qu'elle trouvait en lui, si je vous rappelle cruellement à cette existence que mon affection ne saurait embellir, c'est par dévouement pour Valentine.

Bénédict tressaillit.

— C'est, continua Louise, pour conserver la sienne, qui, en ce moment, est au moins aussi menacée que la vôtre.

— Menacée! pourquoi? s'écria Bénédict.

— En apprenant votre folie et votre crime, Bénédict, Valentine, qui sans doute avait pour vous une tendre amitié, est tombée subitement malade. Un rayon d'espoir pourrait la sauver peut-être, mais elle ignore que vous vivez et que vous pouvez nous être rendu.

—Qu'elle l'ignore donc toujours! s'écria Bénédict, et puisque le mal est fait, puisque le coup est porté, laissez-la en mourir avec moi.

En parlant ainsi, Bénédict arracha les bandages de sa blessure, et l'eût rouverte sans les efforts de Louise, qui lutta courageusement avec lui et tomba épuisée d'énergie et abreuvée de douleur, après l'avoir sauvé de lui-même.

Une autre fois, il sembla sortir d'une profonde léthargie, et saisissant la main de Louise avec force :

— Pourquoi êtes-vous ici? lui dit-il; votre sœur est mourante, et c'est à moi que s'adressent vos soins?

Subjuguée par un mouvement de passion et d'enthousiasme, Louise, oubliant tout, s'écria :

— Et si je vous aimais plus encore que Valentine?

— En ce cas, vous êtes maudite, répondit Bénédict en la repoussant d'un air égaré, car vous préférez le chaos à la lumière, le démon à l'archange. Vous êtes une misérable folle, sortez d'ici; ne suis-je pas assez malheureux sans que vous veniez me navrer l'ame de vos malheurs?

Louise, attérée, cacha sa figure dans les rideaux et en enveloppa sa tête pour étouffer ses sanglots. Bénédict se mit à pleurer aussi, et ces larmes le calmèrent.

Un instant après il la rappela.

— Je crois que je vous ai parlé durement tout-à-l'heure, lui dit-il; il faut pardonner quelque chose au délire de la fièvre.

Louise ne répondit qu'en baisant la main qu'il lui tendait. Bénédict eut besoin de tout le peu de force morale qu'il avait reconquis pour supporter sans humeur ce témoignage d'amour et de soumission. Explique qui pourra cette bizarrerie de ses impressions. La présence de Louise, au lieu de le consoler, lui était désagréable, ses soins l'irritaient. La reconnaissance luttait chez lui avec l'impatience et le mécontentement. Recevoir de Louise tous ces services, toutes ces marques de dévouement, c'était comme un reproche, comme une critique amère de son amour pour une autre. Plus cet amour lui était funeste, plus il s'offensait des efforts qu'on faisait pour l'en dissuader. Il s'y cramponnait comme on fait avec orgueil aux choses désespérées. Et puis, s'il avait eu, dans son bonheur, l'ame assez large pour accorder de l'intérêt et de la compassion à Louise, il ne l'avait plus dans son désespoir. Il trouvait que ses propres maux étaient assez lourds à porter; et cette espèce d'appel, fait par l'amour de Louise à sa générosité, lui semblait la plus égoïste et la plus inopportune des exigences. Ces injustices étaient inexcusables peut-être, et cependant les forces de l'homme sont-elles bien toujours en proportion de ses maux?

C'est une consolante promesse évangélique, mais qui tiendra la balance, et qui sera le juge? Dieu nous rend-il ses comptes? daigne-t-il mesurer la coupe après que nous l'avons vidée?

La comtesse était absente depuis deux jours, lorsque Bénédict eut son plus terrible redoublement de fièvre. Il fallut l'attacher dans son lit. C'est encore une cruelle tyrannie que celle de l'amitié. Souvent elle nous impose une existence pire que la mort, et emploie la force arbitraire pour nous attacher au pilori de la vie.

Enfin Louise, ayant demandé à être seule avec lui, le calma en lui répétant avec patience le nom de Valentine.

— Eh bien! dit tout d'un coup Bénédict en se dressant avec force et comme frappé de surprise, où est-elle?

— Bénédict, répondit-elle, elle est comme vous aux portes du tombeau. Voulez-vous, par une mort furieuse, empoisonner ses derniers instans?

— Elle va mourir! dit-il avec un sourire affreux. Ah! Dieu est bon! nous serons donc unis!

— Et si elle vivait? lui dit Louise, si elle vous ordonnait de vivre? si, pour prix de votre soumission, elle vous rendait son amitié?

— Son amitié! dit Bénédict avec un rire dédaigneux, qu'en ferais-je? N'avez-vous pas la mienne? qu'en retirez-vous?

— Oh! vous êtes bien cruel, Bénédict! s'écria Louise avec douleur. Mais pour vous sauver, que ne ferais-je pas? Eh bien! dites-donc, si Valentine vous aimait! si je l'avais vue, si j'avais recueilli dans son délire des aveux que vous n'avez jamais osé espérer?

— Je les ai reçus moi-même! répondit Bénédict avec le calme apparent dont il entourait souvent ses plus violentes émotions.

Je sais que Valentine m'aime comme j'avais aspiré à l'être. Me raillerez-vous maintenant?

— A Dieu ne plaise! répondit Louise stupéfaite.

Louise s'était introduite la nuit précédente auprès de Valentine. Il lui avait été facile de prévenir et de gagner la nourrice, qui lui était dévouée, et qui l'avait vue avec joie au chevet de sa sœur. C'est alors qu'elles avaient réussi à faire comprendre à cette infortunée que Bénédict n'était point mort. D'abord elle avait témoigné sa joie par d'énergiques caresses à ces deux personnes amies, puis elle était retombée dans un état d'abattement complet; et, à l'approche du jour, Louise avait été forcée de se retirer sans pouvoir obtenir d'elle un regard ou un mot.

Elle apprit le lendemain que Valentine était mieux, et passa la nuit entière auprès de Bénédict, qui était plus mal; mais la nuit suivante, ayant appris que Valentine avait eu un redoublement, elle quitta Bénédict au milieu de son paroxisme, et se rendit auprès de sa sœur. Partagée entre ces deux malades, la triste et courageuse Louise s'oubliait elle-même.

Elle trouva le médecin auprès de Valentine. Celle-ci était calme et dormait lorsqu'elle entra. Alors, prenant le docteur à part, elle crut de son devoir de lui ouvrir son cœur, et de confier à sa délicatesse les secrets de ces deux amans, pour le mettre à même d'essayer sur eux un traitement moral plus efficace.

— Vous avez fort bien fait, répondit le médecin, de me confier cette histoire, mais il n'en était pas besoin. Je l'aurais devinée, quand même on ne vous eût pas prévenue. Je comprends fort bien vos scrupules dans la situation délicate où les préjugés et les usages vous rejettent. Mais moi, qui m'applique plus positivement à obtenir des résultats physiques, je me charge de calmer ces deux cœurs égarés, et de guérir l'un par l'autre.

En ce moment, Valentine ouvrit les yeux et reconnut sa sœur. Après l'avoir embrassée, elle lui demanda à voix basse des nouvelles de Bénédict. Alors le médecin prit la parole.

— Madame, lui dit-il, c'est moi qui puis vous en donner, puisque c'est moi qui l'ai soigné, et qui ai eu le bonheur jusqu'ici de prolonger sa vie. L'ami qui vous inquiète et qui a des droits à l'intérêt de toute ame noble et généreuse comme la vôtre, est maintenant physiquement hors de danger. Mais le moral est loin d'une aussi rapide guérison, et vous seule pouvez l'opérer.

— O mon Dieu! dit la pâle Valentine en joignant les mains et en attachant sur le médecin ce regard triste et profond que donne la maladie.

— Oui, Madame, reprit-il, un ordre de

votre bouche, une parole de consolation et de force peut seule fermer cette blessure. Elle le serait sans l'affreuse obstination du malade à en arracher l'appareil aussitôt que la cicatrice se forme. Notre jeune ami est atteint d'un profond découragement, Madame, et ce n'est pas moi qui ai des secrets assez puissans pour la douleur morale. J'ai besoin de votre aide, voudrez-vous me l'accorder?

En parlant ainsi, le bon vieux médecin de campagne, obscur savant, qui avait mainte fois dans sa vie étanché du sang et des larmes, prit la main de Valentine avec une affectueuse douceur qui n'était pas sans un mélange d'antique galanterie, et la baisa méthodiquement, après en avoir compté les pulsations.

Valentine, trop faible pour bien comprendre ce qu'elle entendait, le regardait avec une surprise naïve et un triste sourire.

— Eh bien! ma chère enfant! dit le viellard, voulez-vous être mon aide-major et venir mettre la dernière main à cette cure?

Valentine ne répondit que par un signe d'avidité ingénue.

— Demain? reprit-il.

— Oh! tout de suite! répondit-elle d'une voix faible et pénétrante.

— Tout de suite, ma pauvre enfant? dit le médecin en souriant. Eh! voyez donc ces flambeaux! il est deux heures du matin; mais si vous voulez me promettre d'être sage et de bien dormir, et de ne pas reprendre la fièvre d'ici à demain, nous irons dans la matinée faire une promenade dans les bois de Vavray. Il y a de ce côté-là une petite maison où vous porterez l'espoir et la vie.

Valentine pressa à son tour la main du vieux médecin, se laissa médicamenter avec la docilité d'un enfant, passa son bras autour du cou de Louise, et s'endormit sur son sein d'un sommeil paisible.

— Y pensez-vous, monsieur Faure? dit Louise en la voyant assoupie. Comment voulez-vous qu'elle ait la force de sortir, elle qui était encore à l'agonie il y a quelques heures?

— Elle l'aura, comptez-y, répondit M. Faure. Ces affections nerveuses n'affaiblissent le corps qu'aux heures de la crise. Celle-ci est si évidemment liée à des causes morales, qu'une révolution favorable dans les idées doit en amener une équivalente dans la maladie. Plusieurs fois, depuis l'invasion du mal, j'ai vu madame de Lansac passer d'une prostration effrayante à une surabondance d'énergie à laquelle j'eusse voulu donner un aliment. Il existe des symptômes de la même affection chez Bénédict. Ces deux personnes sont nécessaires l'une à l'autre...

— Oh! monsieur Faure! dit Louise, n'allons-nous pas commettre une grande imprudence?

— Je ne le crois pas ; les passions dangereuses pour la vie des individus comme pour celle des sociétés, sont les passions que l'on irrite et que l'on exaspère. N'ai-je pas été jeune, n'ai-je pas été amoureux à en perdre l'esprit? N'ai-je pas guéri, ne suis-je pas devenu vieux? Allez, le temps et l'expérience marchent pour tous. Laissez guérir ces pauvres enfans ; après qu'ils auront trouvé la force de vivre, ils trouveront celle de se séparer. Mais, croyez-moi, hâtons le paroxisme de la passion, elle éclaterait sans nous d'une manière peut-être plus terrible; en la sanctionnant de notre présence, nous la calmerons un peu.

— Oh! pour lui, pour elle, je ferai tous les sacrifices! répondit Louise; mais que dira-t-on de nous, monsieur Faure? Quel rôle coupable allons-nous jouer!

— Si votre conscience ne vous le reproche pas, qu'avez-vous à craindre des hommes? Ne vous ont-ils pas fait tout le mal qu'ils pouvaient vous faire? Leur devez-vous beaucoup de reconnaissance pour l'indulgence et la charité que vous avez trouvées dans le monde?

Le sourire malin et affectueux du vieillard fit rougir Louise. Elle se chargea d'éloigner de chez Bénédict tout témoin indiscret, et le lendemain, Valentine, M. Faure et la nourrice, s'étant faits promener environ une heure en calèche, dans les bois de Vavray, mirent pied à terre dans un endroit sombre et solitaire, où ils dirent à l'équipage de les attendre. Valentine, appuyée sur le bras de sa nourrice, s'enfonça dans un des chemins tortillés qui descendent vers le ravin, et M. Faure, prenant les devans, alla s'assurer par lui-même qu'il n'y avait personne de trop à la maison de Bénédict. Louise avait, sous différens prétextes, éloigné tout le monde; elle était seule avec son malade endormi. Le médecin lui avait défendu de le prévenir, dans la crainte que l'impatience ne lui fût trop pénible et n'augmentât son irritation.

Quand Valentine approcha du seuil de cette chaumière, elle fut saisie d'un tremblement convulsif; mais M. Faure, venant à elle, lui dit :

— Allons, Madame, il est temps d'avoir du courage et d'en donner à ceux qui en manquent; songez que la vie de mon malade est dans vos mains.

Valentine, réprimant aussitôt son émotion avec cette force de l'ame qui devrait détruire toutes les convictions du matérialisme, pénétra dans cette chambre grise et sombre, où gisait le malade entre ses quatre rideaux de serge verte.

Louise voulait conduire sa sœur vers Bénédict, mais M. Faure, lui prenant la main :

— Nous sommes de trop ici, ma belle curieuse ; allons admirer les légumes du jardin. Et vous, Catherine, dit-il à la nourrice, installez-vous sur ce banc, au seuil de la maison, et, si quelqu'un paraissait sur le sentier, frappez des mains pour nous avertir.

Il entraîna Louise, dont les angoisses furent inexprimables durant cet entretien. Nous ne saurions affirmer si une involontaire et poignante jalousie n'entrait pas pour beaucoup dans le déplaisir qu'elle éprouvait de cette situation, et dans les reproches qu'elle se faisait à elle-même.

VI

Au léger bruit que firent les anneaux du rideau en glissant sur la tringle rouillée, Bénédict se souleva à demi éveillé, et murmura le nom de Valentine. Il venait de la voir dans ses rêves; mais quand il la vit réellement devant lui, il fit un cri de joie que

Louise entendit du fond du jardin, et qui la pénétra de douleur.

— Valentine! dit-il, est-ce votre ombre qui vient m'appeler? Je suis prêt à vous suivre.

Valentine se laissa tomber sur une chaise.

— C'est moi qui viens vous ordonner de vivre, lui répondit-elle, ou vous prier de me tuer avec vous.

— Je l'aimerais mieux ainsi, dit Bénédict.

— O mon ami! dit Valentine, le suicide est un acte impie; sans cela, nous serions réunis dans la tombe. Mais Dieu le défend; il nous maudirait; il nous punirait par une éternelle séparation. Acceptons la vie, quelle qu'elle soit; n'avez-vous pas en vous une pensée qui devrait vous donner du courage?

— Laquelle, Valentine? Dites-la.

— Mon amitié n'est-elle pas?..

— Votre amitié! c'est beaucoup plus que je ne mérite, Madame; aussi je me sens indigne d'y répondre, et je n'en veux pas. Ah! Valentine, vous devriez dormir toujours; mais la femme la plus pure redevient hypocrite en s'éveillant. Votre amitié!

— Oh, vous êtes égoiste! vous ne vous souciez pas de mes remords!

— Madame, je les respecte; c'est pour cela que je veux mourir. Qu'êtes-vous venue faire ici? Il fallait abjurer toute religion, tout scrupule, et venir à moi pour me dire : —Vis, et je t'aimerai. — Ou bien il fallait rester chez vous, m'oublier, et me laisser périr. Vous ai-je rien demandé? Ai-je voulu empoisonner votre vie? Me suis-je fait un jeu de votre honneur, de vos principes? Ai-je imploré votre pitié seulement? Tenez, Valentine, cette compassion que vous me témoignez, ce sentiment d'humanité qui vous amène ici, cette amitié que vous m'offrez, tout cela ce sont de vains mots qui m'eussent trompé il y a un mois, alors que j'étais un enfant, et qu'un regard de vous me faisait vivre tout un jour. A présent, j'ai trop vécu, j'ai trop appris les passions pour m'aveugler. Je n'essaierai plus une lutte inutile et folle contre ma destinée. Vous devez me résister, je le sais. Vous le ferez, je n'en doute pas. Vous me jetterez parfois une parole d'encouragement et de pitié pour m'aider à souffrir, et encore vous vous la reprocherez comme un crime, et il faudra qu'un prêtre vous en absolve pour que vous vous le pardonniez. Votre vie sera troublée et gâtée par moi. Votre ame, sereine et pure jusqu'ici, sera désormais orageuse comme la mienne! A Dieu ne plaise! Et moi, en dépit de ces sacrifices qui vous sembleront si grands, je me trouverai le plus misérable des hommes! Non, non, Valentine, ne nous abusons pas. Il faut que je meure. Telle que vous êtes, vous ne pouvez pas m'aimer sans remords et sans tourmens. Je ne veux point d'un bonheur qui vous coûterait si cher. Loin de vous accuser, c'est pour votre vertu, pour votre force que je vous aime avec tant d'ardeur et d'enthousiasme. Restez donc telle que vous êtes ; ne descendez pas au-dessous de vous-même pour arriver jusqu'à moi. Vivez, et méritez le ciel. Moi, dont l'ame est au néant, j'y veux retourner. Adieu, Valentine ; vous êtes venue me dire adieu, je vous en remercie.

Ce discours, dont Valentine ne sentit que trop toute la force, la jeta dans le désespoir. Elle ne sut rien trouver pour y répondre, et se jeta la face contre le lit, en pleurant avec une profonde amertume. Le principal charme de Valentine était une franchise d'impressions qui ne cherchait jamais à abuser ni elle-même, ni les autres.

Sa douleur fit plus d'effet sur Bénédict que tout ce qu'elle eût pu dire. En voyant ce cœur si noble et si droit se briser à l'idée de le perdre, il s'accusa lui-même. Il saisit les mains de Valentine, elle pencha son front vers les siennes et les arrosa de larmes. Alors il fut comme inondé de joie, de force et de repentir.

— Pardon, Valentine, s'écria-t-il, je suis un lâche et un misérable, moi qui vous fais pleurer ainsi. Non, non! je ne mérite pas ces regrets et cet amour! Mais Dieu m'est témoin que je m'en rendrai digne! Ne m'accordez rien, ne me promettez rien; ordonnez seulement, et j'obéirai. Oh! oui, c'est mon devoir; plutôt que de vous coûter une de ces larmes, je dois vivre, fussé-je malheureux! Mais avec le souvenir de ce que vous avez fait pour moi aujourd'hui, je ne le serai pas, Valentine. Je jure que je supporterai tout, que je ne me plaindrai jamais, que je ne chercherai point à vous imposer des sacrifices et des combats. Dites-moi seulement que vous me plaindrez quelquefois dans le secret de votre cœur; dites que vous aimerez Bénédict en silence et dans le sein de Dieu... Mais non, ne me dites rien, ne m'avez-vous pas tout dit? Ne vois-je pas bien que je suis ingrat et stupide d'exiger plus que ces pleurs et ce silence!

N'est-ce pas une étrange chose que le langage de l'amour, et pour un spectateur froid, n'eût-ce pas été une inexplicable contradiction que ce serment de stoïcisme et de vertu, scellé par des baisers de feu, à l'ombre d'épais rideaux, sur un lit d'amour et de souffrance? Si l'on pouvait ressusciter le premier homme à qui Dieu donna une compagne avec un lit de mousse et la solitude des bois, en vain peut-être chercherions-nous dans cette âme normale la puissance d'aimer. De combien de grandeur et de poésie le trouverions-nous ignorant, l'homme de la nature! Et que dirions-nous si, après examen, nous le découvrions inférieur à l'homme dégénéré de la civilisation? si ce corps athlétique ne renfermait qu'une ame sans passion et sans vigueur?

Mais non, l'homme n'a pas changé, et sa

force s'exerce contre d'autres obstacles, voilà tout. Autrefois il domptait les ours et les tigres, aujourd'hui il lutte contre la société. Là est sa vigueur, son audace, et peut-être sa gloire. A la puissance physique a succédé la puissance morale. A mesure que le système musculaire s'énervait chez les générations, l'esprit humain s'ossifiait.

La guérison de Valentine fut prompte ; celle de Bénédict plus lente, mais miraculeuse néanmoins pour ceux qui n'en surent point le secret. Madame de Raimbault ayant gagné son procès, succès dont elle s'attribua tout l'honneur, revint passer quelques jours auprès de Valentine. Elle ne se fut pas plus tôt assurée de sa guérison, qu'elle repartit pour Paris. En se sentant débarrassée des devoirs de la maternité, il lui sembla qu'elle rajeunissait de vingt ans. Valentine, désormais libre et souveraine dans son château de Raimbault, resta donc seule avec sa grand'-

mére, qui n'était pas, comme l'on sait, un mentor incommode.

Ce fut alors que Valentine désira opérer un rapprochement réel entre elle et sa sœur. Il ne fallait que l'assentiment de M. de Lansac, car la marquise reverrait certainement avec joie sa petite-fille. Mais jamais M. de Lansac ne s'était prononcé assez franchement à cet égard pour inspirer de la confiance à Louise, et Valentine commençait aussi à douter beaucoup de la sincérité de son mari.

Néanmoins elle voulait à tout risque lui offrir un asile dans sa maison, et lui témoigner ostensiblement sa tendresse, comme une espèce de réparation de tout ce qu'elle avait souffert de la part de sa famille ; mais Louise refusa positivement.

— Non, chère Valentine, lui dit-elle, je ne souffrirai jamais que pour moi tu t'exposes à déplaire à ton mari. Ma fierté souffrirait de l'idée que je suis dans une maison d'où l'on pourrait me chasser. Il vaut mieux que nous vivions ainsi. Nous avons désormais la liberté de nous voir, que nous faut-il de plus? D'ailleurs, je ne pourrais m'établir pour long-temps à Raimbault. L'éducation de mon fils est loin d'être finie, et il faut que je reste à Paris pour la surveiller encore quelques années. Là nous nous verrons avec plus de liberté encore ; mais que cette amitié reste entre nous un doux mystère. Le monde te blâmerait certainement de m'avoir tendu la main, ta mère te maudirait presque. Ce sont là des maîtres injustes qu'il faut craindre, et dont les lois ne seraient pas impunément bravées en face. Restons ainsi ; Bénédict a encore besoin de mes soins. Dans un mois, au plus, il faudra que je parte. En attendant, je tâcherai de te voir tous les jours.

En effet, elles eurent de fréquentes entrevues. Il y avait dans le parc un joli pavillon où M. de Lansac avait demeuré durant son séjour à Raimbault. Valentine le fit arranger pour s'en servir comme de cabinet d'étude. Elle y fit transporter des livres et son chevalet. Elle y passait une partie de ses journées, et le soir Louise venait l'y trouver et causer pendant quelques heures avec elle. Malgré ces précautions, *l'identité* de Louise était désormais bien constatée dans le pays, et le bruit avait fini par en venir aux oreilles de la vieille marquise. D'abord, elle en avait éprouvé un sentiment de joie aussi vif qu'il lui était possible de le ressentir, et s'était promis de faire venir sa petite-fille pour l'embrasser, car Louise avait été long-temps ce que la marquise aimait le mieux dans le monde; mais la *demoiselle de service*, qui était une personne prudente et posée et qui dominait entièrement sa maîtresse, lui avait fait comprendre que madame de Raimbault finirait par apprendre cette démarche, et qu'elle pourrait s'en venger.

— Mais qu'ai-je à craindre d'elle à présent? avait répondu la marquise. Ma pension ne doit-elle pas être désormais *servie* par Valentine? Ne suis-je pas chez Valentine? Et si Valentine voit sa sœur en secret, comme on l'assure, ne sera-t-elle pas heureuse de me voir partager ses intentions?

— Madame de Lansac, répondit la vieille suivante, dépend de son mari, et vous savez bien que M. de Lansac et vous, n'êtes pas toujours fort bien ensemble. Prenez garde, madame la marquise, de compromettre, par une étourderie, l'existence de vos vieux jours. Votre petite-fille n'est pas très-empressée de vous voir, puisqu'elle ne vous a pas fait part de son arrivée dans le pays. Madame de Lansac elle-même n'a pas jugé à propos de vous confier ce secret. Mon avis est donc que vous fassiez comme vous avez fait jusqu'ici, c'est-à-dire, que vous ayez l'air de ne rien voir du danger où les autres s'exposent, et que vous tâchiez de maintenir votre tranquillité à tout prix.

Ce conseil avait dans le caractère même de la marquise un trop puissant auxiliaire pour être méconnu. Elle ferma donc les yeux sur ce qui se passait autour d'elle, et les choses en restèrent à ce point.

Athénaïs avait été d'abord fort cruelle à Pierre Blutty, et pourtant elle avait vu avec un certain plaisir l'obstination de celui-ci à combattre ses dédains. Un homme comme M. de Lansac se fût retiré piqué dès le premier refus, mais Pierre Blutty avait sa diplomatie qui en valait bien une autre. Il voyait que son ardeur à mériter le pardon de sa femme, son humilité à l'implorer et le bruit un peu ridicule qu'il faisait, devant trente témoins, de son martyre, flattaient la vanité de la jeune fermière. Quand ses amis le quittèrent le soir de ses noces, quoiqu'il ne fût pas encore rentré en grâce en apparence, un sourire significatif qu'il échangea avec eux leur fit comprendre qu'il n'était pas aussi désespéré qu'il voulait bien le paraître. En effet, laissant Athénaïs barricader la porte de sa chambre, il imagina de grimper par la fenêtre. Il serait difficile de n'être pas touchée de la résolution d'un homme qui s'exposerait à se casser le cou pour vous obtenir ; et le lendemain, à l'heure où on apporta, au milieu du repas, la nouvelle de la mort de Bénédict à la ferme de Pierre Blutty, Athénaïs avait une main dans celle de son mari, et chaque regard énergique du fermier couvrait de rougeur les belles joues de la fermière.

Mais le récit de cette catastrophe réveilla l'orage assoupi. Athénaïs jeta des cris perçans, il fallut l'emporter de la salle. Le lendemain, dès qu'elle eut appris que Bénédict n'était point mort, elle voulut aller le voir. Blutty comprit que ce n'était pas le moment de la contrarier, d'autant plus que son père et sa mère lui donnaient l'exemple de courir auprès du moribond. Il pensa qu'il ferait bien d'y aller lui-même, et de montrer ainsi à sa nouvelle famille qu'il était disposé à déférer à leurs intentions. Cette marque de soumission ne pouvait pas compromettre sa fierté auprès de Bénédict, puisque celui-ci était hors d'état de le reconnaître.

Il accompagna donc Athénaïs, et quoique son intérêt ne fût pas fort sincère, il se conduisit assez convenablement pour mériter de sa part une mention honorable. Le soir, malgré la résistance de sa fille, qui voulait passer la nuit auprès du malade, madame Lhéry lui ordonna de se mettre en route avec son mari. Tête-à-tête dans la carriole, les deux époux se boudèrent d'abord, et puis Pierre Blutty changea de tactique. Au lieu de paraître choqué des pleurs que sa femme donnait au cousin, il se mit à déplorer avec elle le malheur de Bénédict, et à faire l'oraison funèbre du mourant. Athénaïs ne s'attendait point à tant de générosité;

elle tendit la main à son mari, et se rapprochant de lui :

— Pierre, lui dit-elle, vous avez un bon cœur, je tâcherai de vous valoir.

Quand Blutty vit que Bénédict ne mourait point, il souffrit un peu plus des visites de sa femme à la chaumière du ravin. Cependant il n'en témoigna rien ; mais quand Bénédict fut assez fort pour se lever et marcher, il sentit sa haine pour lui se réveiller, et il jugea qu'il était temps d'user de son autorité. Il était alors *dans son droit*, comme disent les paysans avec tant de finesse, lorsqu'ils peuvent mettre l'appui des lois au-dessus de la conscience. Bénédict n'avait plus besoin des soins de sa cousine, et l'intérêt qu'elle lui marquait ne pouvait plus que la compromettre. En déduisant ces raisons à sa femme, Blutty mit dans son regard et dans sa voix quelque chose d'énergique qu'elle ne connaissait pas encore, et qui lui fit comprendre admirablement que le moment était venu d'obéir.

Elle fut triste pendant quelques jours, et puis elle en prit son parti ; car, si Pierre Blutty commençait à faire le mari à certains égards, sous tous les autres il était demeuré amant passionné ; et cela fut un exemple de la différence du préjugé dans les diverses classes de la societé. Un homme de qualité et un bourgeois se fussent trouvés également compromis par l'amour de leur femme pour un autre. Ce fait avéré, ils n'eussent pas recherché Athénaïs en mariage, l'opinion les eût flétris ; eussent-ils été trompés, le ridicule les eût poursuivis. Tout au contraire, la manière savante et hardie dont Blutty conduisit toute cette affaire lui fit le plus grand honneur parmi ses pareils.

— Voyez Pierre Blutty, se disaient-ils lorsqu'ils voulaient citer un homme de résolution. Il a épousé une petite femme bien coquette, bien revêche, qui ne se cachait guère d'en aimer un autre, et qui, le jour de ses noces, a fait scandale pour se séparer de lui. Eh bien! il ne s'est pas rebuté, il est venu à bout, non-seulement de se faire obéir, mais de se faire aimer. C'est là un garçon qui s'y entend. Il n'y a pas de danger qu'on se moque de lui!

Et, à l'exemple de Pierre Blutty, chaque garçon du pays se promettait bien de ne jamais prendre au sérieux les premières rigueurs d'une femme.

VII

VALENTINE avait fait plus d'une visite à la maisonnette du ravin. D'abord sa présence avait calmé l'irritation de Bénédict ; mais dès qu'il eut repris ses forces, comme elle cessa de le voir, son amour, à lui, redevint âpre et cuisant ; sa situation lui sembla insupportable, il fallut que Louise consentît à le mener quelquefois le soir avec elle au pavillon du parc. Dominée entièrement par lui, la faible Louise éprouvait de profonds remords, et ne savait comment excuser son imprudence aux yeux de Valentine. De son côté, celle-ci s'abandonnait à des dangers dont elle n'était pas trop fâchée de voir sa sœur complice. Elle se laissait emporter par sa destinée, sans vouloir regarder en avant, et puisait dans l'imprévoyance de Louise des excuses pour sa propre faiblesse.

Valentine n'était point née passionnée, mais la fatalité semblait se plaire à la jeter dans une situation d'exception, et à l'entourer de périls au-dessus de ses forces. L'amour a causé beaucoup de suicides, mais il est douteux que beaucoup de femmes aient vu à leurs pieds l'homme qui s'était brûlé la cervelle pour elles. Pût-on ressusciter les morts, sans doute la générosité féminine accorderait beaucoup de pardons à des dévouemens si énergiques, et si rien n'est plus douloureux au cœur d'une femme que le suicide de son amant, rien, peut-être aussi, n'est plus flatteur pour cette secrète vanité, qui trouve sa place dans toutes les passions humaines. C'était pourtant là la situation de Valentine. Le front de Bénédict, encore sillonné d'une légère cicatrice, était toujours devant ses yeux comme le sceau d'un terrible serment dont elle ne pouvait révoquer la sincérité. Ces refus de nous croire, ces railleuses méfiances dont elles se servent toutes contre nous pour se dispenser de nous plaindre et de nous consoler, Valentine ne les pouvait manifester à Bénédict. Il avait fait ses preuves; ce n'était point là une de ces vagues menaces dont on abuse tant auprès des femmes. Quoique la plaie large et profonde fût fermée, Bénédict en porterait toute sa vie le stigmate indélébile. Vingt fois, durant sa maladie, il avait essayé de la rouvrir, il en avait arraché l'appareil et cruellement élargi les bords. Une si ferme volonté de mourir n'avait pu être fléchie que par Valentine elle-même. C'était par son ordre, par ses prières, qu'il y avait renoncé. Mais Valentine avait-elle bien compris à quel point elle se liait envers lui, en exigeant ce sacrifice?

Bénédict ne pouvait pas se le dissimuler; loin d'elle, il faisait mille projets hardis, il s'opiniâtrait dans ses espérances nouvelles; il se disait que Valentine n'avait plus le droit de lui rien refuser; mais dès qu'il se retrouvait sous l'empire de ses regards si purs, de ses manières si nobles et si douces, il s'arrêtait subjugué et se tenait bien heureux des plus faibles marques d'amitié.

Cependant les dangers de leur situation allaient croissant. Pour donner le change à leurs sentimens, ils se témoignaient une amitié intime; c'était une imprudence de plus, car la rigide Valentine elle-même ne pouvait pas s'y tromper. Pour rendre leurs entrevues plus calmes, Louise, qui se mettait à la torture pour imaginer quelque chose, imagina de faire de la musique. Elle accompagnait quelque peu, et Bénédict chantait admirablement. Cela compléta les périls dont ils s'environnaient. La musique peut paraître un art d'agrément, un futile et innocent plaisir pour les esprits calmes et rassis; pour les ames passionnées, c'est la source de toute poésie, le langage de toute passion forte. C'est bien ainsi que Bénédict l'entendait. Il savait que la voix humaine, modulée avec ame, est la plus rapide, la plus énergique expression des sentimens, qu'elle arrive à l'intelligence d'autrui avec plus de puissance que lorsqu'elle est refroidie par les développemens de la parole. Sous la forme de la mélodie, toute pensée est grande, poétique et belle.

Valentine, récemment éprouvée par une maladie de nerfs très-violente, était encore en proie, à de certaines heures, à une sorte d'exaltation fébrile. Ces heures-là, Bénédict les passait auprès d'elle, et il chantait. Valentine avait le frisson, tout son sang affluait à son cœur et à son cerveau ; elle passait d'une chaleur dévorante à un froid mortel. Elle tenait son cœur sous ses mains pour l'empêcher de briser ses parois, tant il palpitait avec fougue, à de certains sons partis de la poitrine et de l'ame de Bénédict. Lorsqu'il chantait, il était beau, malgré ou plutôt à cause de la mutilation de son front. Il aimait Valentine avec passion, et il le lui avait bien prouvé. N'était-ce pas de quoi l'embellir un peu ? Et puis ses yeux avaient un éclat prestigieux. Dans l'obscurité, lorsqu'il était au piano, elle les voyait scintiller comme deux étoiles. Quand elle regardait, au milieu des lueurs vagues du crépuscule, ce front large et blanc que rehaussait la profusion des cheveux noirs, cet œil de feu et ce long visage pâle dont les traits, s'effaçant dans l'ombre, prenaient mille aspects fantastiques, Valentine avait peur. Il lui semblait voir en lui le spectre sanglant de l'homme qui l'avait aimée, et s'il chantait d'une voix creuse et lugubre, quelque souvenir du *Roméo* de Zingarelli, elle se sentait si émue de frayeur et de superstition, qu'elle se pressait, en frisonnant, contre sa sœur.

Ces scènes de passion muette et comprimée se passaient dans le pavillon du jardin où elle avait fait porter son piano, et où, insensiblement, Louise et Bénédict vinrent passer toutes les soirées avec elle. Pour que Bénédict ne pût deviner les émotions violentes qui la dominaient, Valentine avait coutume de passer les soirées d'été sans lumière. Bénédict chantait de mémoire, ensuite on faisait quelques tours de promenade dans le parc, ou bien l'on causait auprès d'une fenêtre, où l'on respirait la bonne odeur des feuilles mouillées après une pluie d'orage, ou bien encore on allait voir lever la lune du haut de la colline. Cette vie eût été délicieuse si elle eût pu durer; mais Valentine sentait bien, à ses remords, qu'elle avait déjà duré trop long-temps.

Louise ne les quittait pas d'un instant; cette surveillance sur Valentine lui semblait un devoir, et pourtant ce devoir lui devenait souvent à charge, car elle s'apercevait qu'elle y portait une jalousie toute personnelle : et alors elle éprouvait toutes les tortures d'une ame noble, en lutte avec des sentimens étroits.

Un soir, où Bénédict lui parut plus animé que de coutume, ses regards enflammés, l'expression de sa voix, en s'adressant à Valentine, lui firent tant de mal, qu'elle se retira, découragée de son rôle et de ses chagrins. Elle alla rêver seule dans le parc. Une terrible palpitation s'empara de Bénédict lorsqu'il se vit seul avec Valentine. Elle essaya de lui parler de choses générales, sa voix tremblait. Effrayée d'elle-même, elle garda le silence quelques instans, puis elle le pria de chanter; mais sa voix opéra sur ses nerfs une action plus violente encore, et elle sortit, le laissant seul au piano. Bénédict en eut du dépit, et il continua à chanter. Cependant Valentine s'était assise sous les arbres de la terrasse, à quelques pas de la fenêtre entr'ouverte. La voix de Bénédict lui arrivait ainsi plus suave et plus caressante parmi les feuilles émues, parmi la brise odorante du soir. Tout était parfum et mélodie autour d'elle. Elle cacha sa tête dans ses mains, et livrée à une des plus fortes séductions que la femme ait jamais bravées, elle laissa couler ses larmes. Bénédict cessa de chanter, et elle s'en aperçut à peine, tant elle était sous le charme de la fascination. Il s'approcha de la fenêtre et la vit. Le salon n'était qu'au rez-de-chaussée. Il sauta souplement sur l'herbe et s'assit à ses pieds. Comme elle ne lui parlait pas, il craignit qu'elle ne fût malade et osa écarter doucement ses mains. Alors il vit ses larmes, il laissa échapper un cri de surprise et de triomphe. Valentine, accablée de honte, voulut cacher son front dans le sein de son amant. Comment se fit-il que leurs lèvres se rencontrèrent? Valentine voulut se défendre. Bénédict n'eut pas la force d'obéir. Avant que Louise fût auprès d'eux, ils avaient échangé vingt sermens d'amour, vingt baisers dévorans. Louise, où étiez-vous donc?

VIII

Dès ce moment, le péril devint imminent. Bénédict se sentit si heureux qu'il en devint fier, et se mit à mépriser le danger. Il prit sa destinée en dérision, et se dit qu'avec l'amour de Valentine il devait vaincre tous les obstacles. L'orgueil du triomphe le rendit audacieux. Il imposa silence à tous les scrupules de Louise. D'ailleurs, il était affranchi de l'espèce de dépendance à laquelle ses soins et son dévouement l'avaient soumis. Depuis qu'il était guéri complètement, Louise habitait la ferme, et le soir ils se rendaient auprès de Valentine, chacun de son côté. Il arriva plusieurs fois que Louise y vint bien après lui. Il arriva même que Louise ne put pas y venir du tout, et que Bénédict passa de longues soirées seul avec Valentine. Le lendemain, lorsque Louise interrogeait sa sœur, il lui était facile de comprendre, à son trouble, la nature de l'entretien qu'elle avait eu avec son amant, car le secret de Valentine ne pouvait plus en être un pour Louise. Elle était trop intéressée à le pénétrer, pour n'y avoir pas réussi depuis long-temps. Rien ne manquait plus à son malheur, et ce qui le complétait, c'était le manque d'énergie pour y apporter les plus prompts remèdes possibles. Louise sentait que sa faiblesse perdait Valentine. N'eût-elle eu d'autre motif que son intérêt pour elle, elle n'eût pas hésité à l'éclairer sur les dangers de sa situation ; mais, rongée de jalousie comme elle l'était, et conservant toute sa fierté d'ame, elle aimait mieux exposer le bonheur de Valentine que de s'abandonner à un sentiment dont elle rougissait. Il y avait de l'égoïsme dans ce désintéressement-là.

Elle se détermina à retourner à Paris pour mettre fin au supplice qu'elle endurait, sans avoir rien décidé pour sauver sa sœur. Elle résolut seulement de l'informer de son prochain départ; et un soir, au moment où Bénédict se retira, au lieu de sortir du parc avec lui, elle dit à Valentine qu'elle voulait lui parler un instant. Ces paroles donnèrent de l'ombrage à Bénédict. Il était toujours préoccupé de l'idée que Louise, tourmentée par ses remords, voulait lui nuire auprès de Valentine. Cette idée achevait de l'aigrir contre cette femme si généreuse et si dévouée, et lui faisait porter le poids de la reconnaissance avec humeur et parcimonie.

— Ma sœur, dit Louise à Valentine, le moment est arrivé où il faut que je te quitte. Je ne puis rester plus long-temps éloignée de mon fils. Tu n'as plus besoin de moi. Je pars demain.

— Demain! s'écria Valentine effrayée; tu me quittes, tu me laisses seule, Louise! Et que vais-je devenir?

— N'es-tu pas guérie? n'es-tu pas heureuse et libre, Valentine? A quoi peut te servir désormais la pauvre Louise?

— Ma sœur, ô ma sœur! dit Valentine en l'enlaçant de ses bras, vous ne me quitterez point! Vous ne savez pas mes chagrins et les périls qui m'entourent. Si vous me quittez, je suis perdue.

Louise garda un triste silence. Elle se sentait une mortelle répugnance à écouter les aveux de Valentine, et pourtant elle n'osait les repousser. Valentine, le front couvert de honte, ne pouvait se résoudre à parler. Le silence froid et cruel de sa sœur la glaçait de crainte. Enfin, elle vainquit sa propre résistance, et lui dit d'une voix émue :

— Eh bien! Louise, ne voudras-tu pas rester près de moi, si je te dis que sans toi je suis perdue?

Ce mot, deux fois répété, offrit à Louise un sens qui l'irrita malgré elle.

— Perdue! reprit-elle avec amertume, vous êtes *perdue*, Valentine!

— Oh ma sœur! dit Valentine blessée de l'empressement avec lequel Louise accueillait cette idée; Dieu m'a protégée jusqu'ici; il m'est témoin que je ne me suis livrée volontairement à aucun sentiment, à aucune démarche contraire à mes devoirs.

Ce noble orgueil d'elle-même, auquel Valentine avait encore droit, acheva d'aigrir celle qui se livrait trop aveuglément peut-être à sa passion. Toujours prompte à blesser, parce que sa vie passée était souillée d'une tache ineffaçable, elle éprouva comme un sentiment de haine pour la supériorité de Valentine. Un instant, l'amitié, la compassion, la générosité, tous les nobles sentimens s'éteignirent dans son cœur. Elle ne trouva pas de meilleure vengeance à exercer que d'humilier Valentine.

— Mais de quoi donc est-il question? lui dit-elle avec dureté. Quels dangers courez-vous? Je ne comprends pas de quoi vous me parlez, moi.

Il y avait dans sa voix une sécheresse qui fit mal à Valentine. Jamais elle ne l'avait vue ainsi. Elle s'arrêta quelques instans pour la regarder avec surprise. A la lueur d'une pâle bougie qui brûlait sur le piano au fond de l'appartement, elle crut voir aux traits de sa sœur une expression qu'elle ne leur connaissait pas. Ses sourcils étaient contractés, ses lèvres pâles et serrées ; son œil, terne et sévère, était impitoyablement attaché sur elle. Valentine troublée recula involontairement sa chaise, et, toute tremblante, chercha à s'expliquer la froideur dédaigneuse dont, pour la première fois de sa vie, elle se voyait l'objet. Mais elle eût tout imaginé plutôt que de deviner la vérité. Humble et pieuse, elle eut en ce moment tout l'héroïsme que la religion donne aux femmes, et, se jetant aux pieds de sa sœur, elle cacha son visage baigné de larmes sur ses genoux.

— Vous avez raison de m'humilier ainsi, lui dit-elle ; je l'ai bien mérité, et quinze ans de vertu vous donnent le droit de réprimander ma jeunesse imprudente et vaine. Grondez-moi, méprisez-moi, mais ayez compassion de mon repentir et de mes terreurs. Protégez-moi, Louise, sauvez-moi, vous le pouvez, car vous savez tout !

— Laisse ! s'écria Louise bouleversée par cette conduite et ramenée tout-à-coup aux nobles sentimens qui faisaient le fond de son caractère ; relève-toi, Valentine, ma sœur, mon enfant, ne reste pas ainsi à mes genoux. C'est moi qui devrais être aux tiens. C'est moi qui suis méprisable et qui devrais te demander, ange du ciel! de me réconcilier avec Dieu! Hélas! Valentine, je ne sais que trop tes chagrins : mais pourquoi me les confier, à moi, misérable, qui ne puis t'offrir aucune protection et qui n'ai pas le droit de te conseiller?

— Tu peux me conseiller et me protéger, Louise, répondit Valentine en l'embrassant avec effusion. N'as-tu pas pour toi l'expérience qui donne la raison et la force? Il faut que cet homme s'éloigne d'ici, ou il faut que je parte moi-même. Nous ne devons pas nous voir davantage, car chaque jour le mal augmente, et le retour à Dieu devient plus difficile. Oh! tout-à-l'heure, je me vantais! je sens que mon cœur est bien coupable!

Les larmes amères que répandait Valentine brisèrent le cœur de Louise.

— Hélas! dit-elle pâle et consternée, le mal est donc aussi grand que je le craignais! Vous aussi, vous voilà malheureuse à jamais!

— A jamais! dit Valentine épouvantée; avec la volonté de guérir et l'aide du ciel...

— On n'en guérit pas! reprit Louise d'un ton sinistre en mettant ses deux mains sur son cœur sombre et désolé.

Puis elle se leva, et, marchant avec agitation, elle s'arrêtait de temps en temps devant Valentine pour lui parler d'une voix entrecoupée.

— Pourquoi me demander des conseils à moi? Qui suis-je pour consoler et pour guérir? Eh quoi! vous me demandez l'héroïsme qui terrasse les passions, et les vertus qui préservent la société, à moi! à moi, malheureuse, que les passions ont flétrie, que la société a maudite et repoussée! Et où prendrai-je, pour vous le donner, ce qui n'est pas en moi? Eh! adressez-vous aux femmes que le monde estime ; adressez-vous à votre mère! Celle-là est irréprochable ; nul n'a su positivement que mon amant avait été le sien. Elle avait tant de prudence! Et quand mon père, quand son époux a tué cet homme qui lui avait été parjure, elle a battu des mains, et le monde l'a vue triompher, tant elle avait de force d'ame et de fierté! Voilà les femmes qui savent vaincre une passion ou en guérir!.....

Valentine, épouvantée de ce qu'elle entendait, voulait interrompre sa sœur ; mais celle-ci, en proie à une sorte de délire, continua :

— Les femmes comme moi succombent, et sont à jamais perdues! Les femmes comme vous, Valentine, doivent prier et combattre ; elles doivent chercher leur force en elles-mêmes, et ne pas la demander aux autres. Des conseils! des conseils! quels conseils vous donnerai-je, que vous ne sachiez fort bien vous dicter! C'est la force de les suivre qu'il faut trouver. Vous me croyez donc plus forte que vous! Non, Valentine, je ne le suis pas. Vous savez bien quelle a été ma vie, avec quelles passions indomptables je suis née, vous savez bien où elles m'ont conduit!

— Tais-toi, Louise, s'écria Valentine en s'attachant à elle avec douleur, cesse de te calomnier ainsi. Quelle femme fut plus grande et plus forte que toi dans sa chute! Peut-on t'accuser éternellement d'une faute commise dans l'âge de l'ignorance et de la faiblesse? Hélas! vous étiez un enfant! et depuis! vous avez été sublime, vous avez forcé l'estime de tout ce qui porte un cœur élevé. Vous voyez bien que vous savez ce que c'est que la vertu.

— Hélas! dit Louise, ne l'apprenez jamais au même prix : j'étais née avec les plus vicieuses inclinations. Abandonnée à moi-même dès mon enfance, privée des secours de la religion et de la protection d'une mère, livrée à notre aïeule, cette femme si légère et si dépourvue de pudeur, je devais tomber de flétrissure en flétrissure ! Oui, cela serait arrivé, sans les sanglantes et terribles leçons que me donna le sort. Mon amant immolé par mon père ; mon père lui-même, abreuvé de douleur et de honte par ma faute, cherchant et trouvant la mort quelques jours après sur un champ de bataille ; moi, bannie, chassée honteusement du toit paternel et réduite à traîner ma misère de ville en ville avec mon enfant mourant de faim dans mes bras ! Ah ! Valentine, c'est là une horrible destinée !

C'était la première fois que Louise parlait aussi hardiment de ses malheurs. Exaltée par la crise douloureuse où elle se trouvait, elle s'abandonnait à la triste satisfaction de se plaindre elle-même, et elle oubliait les chagrins de Valentine et l'appui qu'elle lui devait. Mais ces cris du remords et du désespoir produisirent plus d'effet que les plus éloquentes remontrances. En mettant sous les yeux de Valentine le tableau des malheurs où peuvent entraîner les passions, elle la frappa d'épouvante. Valentine se vit sur le bord de l'abîme où sa sœur était tombée.

— Vous avez raison, s'écria-t-elle, c'est une horrible destinée, et, pour la porter avec courage et vertu, il faut être vous ; mon ame plus faible s'y perdrait. Mais, Louise, aidez-moi à avoir du courage, aidez-moi à éloigner Bénédict.

Comme elle prononçait ce nom, un faible bruit lui fit tourner la tête. Toutes deux jetèrent un cri perçant en voyant Bénédict debout, derrière elles, comme une pâle apparition.

— Vous avez prononcé mon nom, Madame ? dit-il à Valentine, avec ce calme profond qui donnait souvent le change sur ses impressions réelles.

Valentine s'efforça de sourire. Louise ne partagea pas son erreur.

— Où étiez-vous donc, lui dit-elle, pour avoir si bien entendu?

— J'étais fort près d'ici, Mademoiselle, répondit Bénédict avec un regard double.

— Cela est au moins fort étrange, dit Valentine d'un ton sévère. Ma sœur vous avait dit, ce me semble, qu'elle voulait me parler en particulier, et vous êtes resté assez près pour nous écouter, sans doute?

Bénédict n'avait jamais vu Valentine irritée contre lui. Il en fut étourdi un instant, et faillit renoncer à son hardi projet. Mais comme c'était là pour lui une crise décisive, il paya d'audace, et conservant dans son regard et dans son attitude cette fermeté grave qui lui donnait tant de puissance sur l'esprit des autres :

— Il est fort inutile de dissimuler, dit-il, j'étais assis derrière ce rideau, et je n'ai rien perdu de votre entretien. J'aurais pu en entendre davantage et me retirer, sans être aperçu, par la même fenêtre qui m'avait donné entrée. Mais j'étais si intéressé dans le sujet de votre discussion....

Il s'arrêta en voyant Valentine devenir plus pâle que sa collerette, et tomber sur un fauteuil, d'un air consterné. Il eut envie de se jeter à ses pieds, de pleurer sur ses mains, mais il sentait trop la nécessité de dominer ces deux femmes agitées, à force de sang-froid et de fermeté.

— J'étais si intéressé dans votre discussion, reprit-il, que j'ai cru rentrer dans mon droit en venant y prendre part. Si j'ai eu tort, l'avenir en décidera. En attendant, tâchons d'être plus forts que notre destinée. Louise, vous ne sauriez rougir de ce que vous avez dit devant moi ; vous ne pouvez oublier que vous vous êtes souvent accusée ainsi à moi-même, et je serais tenté de croire qu'il y a de la coquetterie dans votre vertueuse humilité, tant vous savez bien quel doit en être l'effet sur ceux qui comme moi vous vénèrent pour les épreuves que vous avez subies....

En parlant ainsi, il prit la main de Louise, qui était penchée sur sa sœur et la tenait embrassée, puis il l'attira doucement et d'un air affectueux, vers un siége plus éloigné, et quand il l'y eut assise, il porta cette main à ses lèvres avec tendresse, et aussitôt, s'emparant du siége dont il l'avait arrachée, et se plaçant entre elle et Valentine, il lui tourna le dos et ne s'occupa plus d'elle.

— Valentine ! dit-il alors d'une voix pleine et grave.

C'était la première fois qu'il osait l'appeler par son nom en présence d'un tiers; Valentine tressaillit, écarta ses mains dont elle se cachait le visage, et laissa tomber sur lui un regard froid et offensé. Mais il répéta son nom avec une douceur pleine d'autorité, et tant d'amour brillait dans ses yeux, que Valentine se cacha de nouveau le visage pour ne pas le voir.

— Valentine, reprit-il, n'essayez pas avec moi ces feintes puériles, qu'on dit être la grande défense de votre sexe ; nous ne pouvons plus nous tromper l'un l'autre. Voyez cette cicatrice ! Je l'emporterai dans la tombe ! C'est le sceau et le symbole de mon amour pour vous. Vous ne pouvez pas croire que je consente à vous perdre, c'est une erreur trop naïve pour que vous l'admettiez ; Valentine, vous n'y songez pas!

Il prit ses mains dans les siennes. Subjuguée par son air de résolution, elle les lui abandonna et le regarda d'un air effrayé.

— Ne me cachez pas vos traits, lui dit-il, et ne craignez pas de voir en face de vous le spectre que vous avez retiré du tombeau ! Vous l'avez voulu, Madame ! Si je suis devant vous aujourd'hui comme un objet de terreur et d'aversion, c'est votre faute. Mais écoute, ma Valentine, ma toute-puissante maîtresse, je t'aime trop pour te contrarier; dis un mot, et je retourne au linceul dont tu m'as retiré.

En même temps, il tira un pistolet de sa poche, et le lui montrant :

— Vois-tu, lui dit-il, c'est le même, absolument le même ; ses braves services ne l'ont point endommagé, c'est un ami fidèle et toujours à tes ordres. Parle, chasse-moi, il est toujours prêt.... Oh ! rassurez-vous, s'écria-t-il d'un ton railleur, en voyant ces deux femmes, livides d'effroi, se reculer en criant ; ne craignez pas que je commette l'inconvenance de me tuer sous vos yeux, je sais trop les égards qu'on doit aux nerfs des femmes.

— C'est une scène horrible ! s'écria Louise avec angoisse ; vous voulez faire mourir Valentine.

— Tout-à-l'heure, Mademoiselle, vous me réprimanderez, répondit-il d'un air haut et sec; à présent je parle à Valentine, et je n'ai pas fini.

Il désarma son pistolet et le mit dans sa poche.

— Voyez-vous, Madame, dit-il à Valentine, c'est absolument à cause de vous que je vis; non pour votre plaisir, mais pour le mien. Mon plaisir est et sera toujours bien modeste. Je ne demande rien que vous ne puissiez accorder sans remords à la plus pure amitié. Consultez votre mémoire et votre conscience, l'avez-vous trouvé bien audacieux et bien dangereux ce Bénédict qui n'a au monde qu'une passion? Cette passion, c'est vous. Vous ne pouvez pas espérer qu'il en ait jamais une autre, lui qui est déjà vieux de cœur et d'expérience à tous autres égards! lui qui vous a aimée, n'aimera jamais une autre femme; car enfin, ce n'est pas une brute, ce Bénédict que vous voulez chasser! Eh quoi! vous m'aimez assez pour me craindre, et vous me méprisez assez pour espérer me soumettre à vous perdre! Oh! quelle folie! Non, non! je ne vous perdrai pas tant que j'aurai un souffle de vie, j'en jure par le ciel et par l'enfer : je vous verrai, je serai votre ami, votre frère, ou que Dieu me damne si....

— Par pitié, taisez-vous, dit Valentine, pâle et suffoquée, en lui pressant les mains d'une manière convulsive ; je ferai ce que vous voudrez, je perdrai mon ame à jamais, s'il le faut, pour sauver votre vie...

— Non, vous ne perdrez pas votre ame, répondit-il, vous nous sauverez tous deux. Croyez-vous donc que moi aussi je ne puisse pas mériter le ciel et tenir un serment? Hélas! avant vous je croyais à peine en Dieu ; mais j'ai adopté tous vos principes, toutes vos croyances. Je suis prêt à jurer par celui de vos anges que vous me nommerez. Laissez-moi vivre, Valentine, que vous importe? Je ne repousse pas la mort. Imposée par vous, cette fois, elle me serait plus douce que la première. Mais par pitié, Valentine, ne me condamnez pas encore au néant!... Vous froncez le sourcil à ce mot. Eh! tu sais bien que je crois au ciel avec toi, mais le ciel sans toi c'est le néant. Le ciel n'est pas où tu n'es pas; j'en suis si certain, que si tu me condamnes à mourir, je te tuerai peut-être aussi afin de ne pas te perdre. J'ai déjà eu cette idée... Il s'en est fallu de peu qu'elle ne dominât toutes les autres!... Mais, crois-moi, vivons encore quelques jours ici-bas. Hélas! ne sommes-nous pas heureux? En quoi donc sommes-nous coupables? Tu ne me quitteras pas, dis?... Tu ne m'ordonneras pas de mourir, c'est impossible, car tu m'aimes, et tu sais bien que ton honneur, ton repos, tes principes me sont sacrés. Est-ce que vous me croyez capable d'en abuser, Louise? dit-il en se tournant brusquement vers elle. Vous faisiez tout-à-l'heure une horrible peinture des maux où la passion nous entraîne. Je proteste que j'ai foi en moi-même, et que si j'eusse été aimé de vous jadis, je n'aurais point flétri et empoisonné votre vie. Non, Louise, non, Valentine, tous les hommes ne sont pas des lâches...

Bénédict parla encore long-temps, tantôt avec force et passion, tantôt avec une froide ironie, tantôt avec douceur et tendresse. Après avoir épouvanté ces deux femmes et les avoir subjuguées par la crainte, il vint à bout de les dominer par l'attendrissement. Il sut si bien s'emparer d'elles, qu'en les quittant, il avait obtenu tout ce qu'elles se seraient cru incapables d'accorder une heure auparavant.

Voici quel fut le résultat de leurs conventions.

IX

Louise partit pour Paris, et revint quinze jours après avec son fils. Elle força madame Lhéry à traiter avec elle pour une pension qu'elle voulait lui payer chaque mois. Bénédict et Valentine se chargèrent tour-à-tour de l'éducation de Valentin, et continuèrent à se voir presque tous les jours après le coucher du soleil.

Valentin était un garçon de quinze ans, grand, mince et blond. Il ressemblait à Valentine. Il avait, comme elle, un caractère égal et facile. Ses grands yeux bleus avaient déjà cette expression de douceur caressante qui charmait en elle ; son sourire avait la même fraîcheur, la même bonté. Il ne l'eut pas plus tôt vue qu'il se prit d'affection pour elle, au point que sa mère en fut jalouse.

On régla ainsi l'emploi de son temps : il allait passer dans la matinée deux heures avec sa tante, qui cultivait en lui les arts d'agrément. Le reste du jour, il le passait à la maisonnette du ravin. Bénédict avait fait d'assez bonnes études pour remplacer avantageusement ses professeurs. Il avait pour ainsi dire forcé Louise à lui confier l'éducation de cet enfant ; il s'était senti le courage et la volonté ferme de s'en charger et de lui consacrer plusieurs années de sa vie. C'était une manière de s'acquitter envers elle, et sa conscience embrassait cette tâche avec ardeur. Mais quand il eut vu Valentin, la ressemblance de ses traits et de son caractère avec Valentine, et jusqu'à la similitude de son nom, lui firent concevoir pour lui une affection dont il ne se serait pas cru capable. Il l'adopta dans son cœur, et, pour lui épargner les longues courses qu'il était forcé de faire chaque jour, il obtint que sa mère le laissât habiter avec lui. Il lui fallut bien souffrir alors que, sous prétexte de rendre l'habitation commode à son nouvel occupant, Valentine et Louise y fissent faire quelques embellissemens. Par leurs soins, la maison du ravin devint en peu de jours une retraite délicieuse pour un homme frugal et poétique comme l'était Bénédict; le pavé humide et malsain fit place à un plancher élevé de plusieurs pieds au-dessus de l'ancien sol. Les murs furent recouverts d'une étoffe brune fort simple, mais élégamment plissée et tendue en forme de tente pour cacher les poutres du plafond. Des meubles simples mais propres, des livres choisis, quelques gravures, et de jolis tableaux peints par Valentine, furent apportés du château, et achevèrent de créer comme par magie un élégant *retiro* sous le toît de chaume de Bénédict. Valentine fit présent à son neveu d'un joli poney du pays pour venir chaque matin déjeuner et travailler avec elle. Le jardinier du château vint arranger le petit jardin de la chaumière. Il cacha les légumes prosaïques derrière des haies de pampres. Il sema de fleurs le tapis de verdure qui s'arrondissait devant la porte de la maison. Il fit courir des guirlandes de liseron et de houblon sur le chaume rembruni de la toiture. Il couronna la porte d'un dais de chèvrefeuille et de clématite. Il élagua un peu les houx et les buis du ravin, et ouvrit quelques percées d'un aspect sauvage et pittoresque. En homme intelligent, que la science de l'horticulture n'avait pas abruti, il respecta les longues fougères qui s'accrochaient aux rochers; il nettoya le ruisseau sans lui ôter ses pierres moussues, et ses margelles de bruyères empourprées; enfin il embellit considérablement cette demeure. Les libéralités de Bénédict et les bontés de Valentine fermèrent la bouche à tout commentaire insolent. Qui pouvait ne pas aimer Valentine? Dans les premiers jours, l'arrivée de Valentin, ce témoignage vivant du déshonneur de sa mère, fit un peu jaser le village et les serviteurs du château. Quelque porté qu'on soit à la bienveillance, on ne renonce pas aisément à une occasion si favorable de blâmer et de médire. Alors on fit attention à tout, on remarqua les fréquentes visites de Bénédict au château, le genre de vie humble et retiré de madame de Lansac. Quelques vieilles femmes, qui, du reste, détestaient cordialement madame de Raimbault, firent observer à leurs voisines, avec un soupir et un clignement d'œil piteux, que les habitudes étaient déjà bien changées au château depuis le départ de la comtesse, et que tout ce qui s'y passait ne lui conviendrait guère si elle pouvait s'en douter. Mais les commérages furent tout-à-coup arrêtés par l'invasion d'une épidémie dans le pays. Valentine, Louise et Bénédict prodiguèrent leurs soins, s'exposèrent courageusement aux dangers de la contagion, fournirent avec générosité à toutes les dépenses, prévinrent tous les besoins du pauvre, éclairèrent l'ignorance du riche. Bénédict avait étudié un peu en médecine. Avec une saignée et quelques ordonnances rationnelles, il sauva beaucoup de malades. Les tendres soins de Louise et de Valentine adoucirent les dernières souffrances des autres, ou calmèrent la douleur des survivans. Quand l'épidémie fut passée, personne ne se souvint des cas de conscience qui s'étaient élevés à propos de ce jeune et beau garçon transplanté dans le pays. Tout ce que firent Valentine, Bénédict ou Louise, fut déclaré inattaquable ; et si quelque habitant d'une ville voisine eût osé tenir un propos équivoque sur leur compte, il n'était pas un paysan à trois lieues à la ronde qui ne le lui eût fait payer cher. Le passant, curieux et désœuvré, était mal venu lui-même à faire dans les cabarets de village quelques questions trop inquisitives sur le compte de ces trois personnes.

Ce qui compléta leur sécurité, c'est que Valentine n'avait gardé à son service aucun de ces valets, nés dans la livrée, peuple insolent, ingrat et bas, qui salit tout ce qu'il regarde, et dont la comtesse de Raimbault aimait à s'entourer, pour avoir apparemment des esclaves à tyranniser. Après son mariage, Valentine avait renouvelé sa maison ; elle ne l'avait composée que de ces bons serviteurs à demi villageois, qui font un bail pour entrer au service d'un maître, le servent avec gravité, avec lenteur, avec *complaisance*, si l'on peut parler ainsi; répondent : *Je veux bien*, ou *Il y a moyen*, à ses ordres, l'impatientent et le désespèrent souvent, cassent ses porcelaines, ne lui volent pas un sou, mais par maladresse et lourdeur font un horrible dégât dans une maison élégante; gens insupportables mais excellens, qui rappellent toutes les vertus de l'âge patriarcal ; qui, dans leur solide bon sens et leur heureuse ignorance, n'ont pas l'idée de cette rapide et servile soumission de la domesticité, selon nos usages; qui obéissent sans se presser, mais avec respect ; gens précieux, qui ont encore la foi de leur devoir, parce que leur devoir est une convention franche et raisonnée ; gens robustes, qui rendraient des coups de cravache à un dandy ; qui ne font rien que par amitié, qu'on ne peut s'empêcher ni d'aimer ni de maudire, qu'on souhaite, cent fois par jour, voir à tous les diables, mais qu'on ne se décide jamais à mettre à la porte.

La vieille marquise eût pu être une sorte d'obstacle aux projets de nos trois amis. Valentine s'apprêtait à lui en faire la confidence et à la disposer en sa faveur. Mais, à cette époque, elle faillit succomber à une attaque d'apoplexie. Son raisonnement et sa mémoire en reçurent une si vive atteinte, qu'il ne fallut pas espérer de lui faire comprendre ce dont il s'agissait. Elle cessa d'être active et robuste. Elle se renferma presque entièrement dans sa chambre, et se livra, avec sa femme de chambre, qu'elle décorait du titre pompeux de demoiselle de service, aux pratiques d'une dévotion puérile. La religion, dont elle s'était fait un jeu toute sa vie, lui devint un amusement nécessaire, et sa mémoire usée ne s'exerça plus qu'à réciter des patenôtres. Il n'y avait donc plus qu'une personne qui eût pu nuire à Valentine. C'était cette fameuse demoiselle de service. Mais mademoiselle Beaujon (c'était son nom) ne demandait qu'une chose au monde, c'était de rester auprès de sa maîtresse, et de la circonvenir de manière à accaparer tous les petits legs qu'il serait en son pouvoir de lui faire. Valentine, tout en la surveillant de manière à ce qu'elle n'abusât jamais de l'empire qu'elle avait sur l'esprit de la marquise, s'étant assurée qu'elle méritait, par son zèle et ses soins, toutes les récompenses qu'elle pourrait en obtenir, lui témoigna une confiance dont elle fut reconnaissante. Madame de Raimbault, à demi instruite par la voix publique (car rien ne peut rester absolument secret, si bien qu'on s'y prenne), lui écrivit pour savoir à quoi s'en tenir sur les différens propos qui lui étaient parvenus. Elle avait grande confiance dans cette Beaujon, qui n'avait jamais beaucoup aimé Valentine, et qui, en revanche, avait toujours aimé à médire. Mais la Beaujon, dans un style et dans une orthographe remarquablement bizarres, s'empressa de la détromper et de l'assurer qu'au centre du château de Raimbault elle n'avait jamais entendu parler de ces étranges nouvelles, inventées probablement dans les petites villes des environs. La Beaujon comptait se retirer du service aussitôt que la vieille marquise serait morte. Elle se souciait fort peu ensuite du courroux de la comtesse, pourvu qu'elle quittât cette maison les poches pleines.

M. de Lansac écrivait fort rarement, et ne témoignait nulle impatience de revoir sa femme, nul désir de s'occuper de ses affaires. Ainsi, une réunion de circonstances favorables concourait à protéger le bonheur que Louise, Valentine et Bénédict volaient, pour ainsi dire, à la loi des convenances et des préjugés. Valentine fit entourer d'une clôture la partie du parc où était situé le pavillon. Cette espèce de parc réservé était fort sombre et fort bien planté. On y ajouta sur les confins des massifs de plantes grimpantes, des remparts de vigne vierge, d'aristoloche, et de ces haies de jeunes cyprès qu'on taille en rideau et qui forment une barrière impénétrable à la vue. Au milieu de ces lianes, et derrière ces discrets ombrages, le pavillon s'élevait dans une situation délicieuse, auprès d'une source, dont le bouillonnement, s'échappant à travers les rochers, entretenait sans cesse un frais murmure autour de cette rêveuse et mystérieuse retraite. Personne n'y fut admis que Valentin, Louise, Bénédict et Athénaïs, lorsqu'elle pouvait échapper à la surveillance de son mari, qui n'aimait pas beaucoup à lui voir conserver des relations avec son cousin. Chaque matin, Valentin, qui avait une clef du pavillon, venait y attendre Valentine. Il arrosait ses fleurs, il renouvelait celles du salon, il essayait quelques études sur le piano, ou bien il donnait des soins à la volière. Quelquefois il s'oubliait sur un banc, aux vagues et inquiètes rêveries de son âge; mais sitôt qu'il apercevait la forme svelte de sa tante au travers des arbres, il se remettait à l'ouvrage. Valentine aimait à constater la similitude de leurs caractères et de leurs inclinations. Elle se plaisait à retrouver dans ce jeune homme, malgré la différence des sexes, les goûts paisibles, l'amour de la vie intime et retirée qui étaient en elle. Et puis elle l'aimait à cause de Bénédict, dont il recevait les soins et les leçons, et dont chaque jour il lui apportait un reflet.

Valentin, sans comprendre la force des liens qui l'attachaient à Bénédict et à Valentine, les aimait déjà avec une vivacité et une délicatesse au-dessus de son âge. Cet enfant, né dans les larmes, le plus grand fléau et la plus grande consolation de sa mère, avait fait de bonne heure l'essai de cette sensibilité, qui se développe plus tard dans le cours des destinées ordinaires. Dès qu'il avait été en âge de comprendre un peu la vie, Louise lui avait exposé nettement sa position dans le monde, les malheurs de sa destinée, la tache de sa naissance, les sacrifices qu'elle lui avait faits, et tout ce qu'elle avait à braver pour remplir envers lui ces devoirs si faciles et si doux aux autres mères. Valentin avait profondément senti toutes ces choses ; son ame, facile et tendre, avait pris dès lors une teinte de mélancolie et de fierté ; il avait conçu pour sa mère une reconnaissance passionnée, et, dans toutes ses douleurs, elle avait trouvé en lui de quoi la récompenser et la consoler.

Mais il faut bien l'avouer, Louise qui était capable d'un si grand courage et de tant de vertus au-dessus du commun, était peu agréable dans le commerce de la vie ordinaire ; passionnée à propos de tout, et en dépit d'elle-même, sensible à toutes les blessures dont elle aurait dû savoir émousser l'atteinte, elle faisait souvent retomber l'amertume de son ame sur l'ame si douce et si impressionnable de son fils. Aussi, à force d'irriter ses jeunes facultés, elle les avait déjà un peu épuisées. Il y avait comme des teintes de vieillesse sur ce front de quinze ans, et cet enfant, à peine éclos à la vie, éprouvait déjà la fatigue de vivre et le besoin de se reposer dans une existence calme et sans orage. Comme une belle fleur, née le matin sur les rochers, et déjà battue des vents avant de s'épanouir, il penchait sa tête pâle sur son sein, et son sourire avait une langueur qui n'était pas de son âge. Aussi, l'intimité si caressante et si sereine de Valentine, le dévouement si prudent et si soutenu de Bénédict, commencèrent pour lui une nouvelle ère. Il se sentit épanouir dans cette atmosphère plus favorable à sa nature. Sa taille souple et frêle prit un essor plus rapide, et une douce nuance d'incarnat vint se mêler à la blancheur mate de ses joues. Athénaïs, qui faisait plus de cas de la beauté physique que de toute chose au monde, déclarait n'avoir jamais vu une tête aussi ravissante que celle de ce bel adolescent, toute ondoyante de cheveux d'un blond cendré, comme ceux de Valentine, et flottant par grosses boucles sur un cou blanc et poli comme le marbre de l'Antinoüs. L'étourdie n'était pas fâchée de répéter à tout propos que c'était un enfant sans conséquence, afin d'avoir le droit de baiser de temps en temps ce front si pur et si limpide, et de passer ses doigts dans ces cheveux qu'elle comparait à la soie vierge des cocons dorés.

Le pavillon était donc pour tous, à la fin du jour, un lieu de repos et de délices. Valentine n'y admettait nul profane, et ne permettait aucune communication entre lui et le château. Catherine avait seule le droit d'y pénétrer et d'en prendre soin. C'était l'Élysée, le monde poétique, la vie dorée de Valentine ; au château, tous les ennuis, toutes les servitudes, toutes les tristesses ; la grand'-

mère infirme, les visites importunes, les réflexions pénibles et l'oratoire plein de remords; au pavillon, tous les bonheurs, tous les amis, tous les doux rêves, l'oubli des terreurs et les joies pures d'un amour vertueux. C'était comme une île enchantée au milieu de la vie réelle, comme une oasis dans le désert.

Au pavillon, Louise oubliait ses amertumes secrètes, ses violences comprimées, son amour méconnu. Bénédict, heureux de voir Valentine s'abandonner sans résistance à sa foi, semblait avoir changé de caractère. Il avait dépouillé ses inégalités, ses injustices, ses brusqueries cruelles. Il s'occupait de Louise presque autant que de sa sœur. Il se promenait avec elle sous les tilleuls du parc un bras passé sous le sien. Il lui parlait de Valentin, lui vantait ses qualités, son intelligence, ses progrès rapides. Il la remerciait de lui avoir donné un ami et un fils. La pauvre Louise pleurait en l'écoutant, et s'efforçait de trouver l'amitié de Bénédict plus flatteuse et plus douce que ne l'eût été son amour.

Athénaïs, rieuse et folâtre, reprenait au pavillon toute l'insouciance de son âge. Elle oubliait là les soucis du ménage, les orageuses tendresses et la jalouse défiance de Pierre Blutty. Elle aimait encore Bénédict, mais autrement que par le passé. Elle ne voyait plus en lui qu'un ami sincère. Il l'appelait sa sœur, comme Louise et Valentine ; seulement il se plaisait à la nommer sa petite sœur. Athénaïs n'avait pas assez de poésie dans l'esprit pour s'obstiner à nourrir une passion malheureuse. Elle était assez jeune, assez belle pour aspirer à un amour partagé, et jusque-là Pierre Blutty n'avait pas contribué à faire souffrir sa petite vanité de femme. Elle en parlait avec estime, la rougeur au front et le sourire sur les lèvres ; et puis, à la moindre remarque maligne de Louise, elle s'enfuyait, légère et espiègle, parmi les sentiers du parc, traînant après elle le timide Valentin, qu'elle traitait de petit écolier, et qui n'avait guère qu'un an de moins qu'elle.

Mais ce qu'il serait impossible de rendre, c'est la tendresse muette et réservée de Bénédict et de Valentine. C'est ce sentiment exquis de pudeur et de dévouement qui dominait chez eux la passion ardente toujours prête à déborder. Il y avait dans cette lutte éternelle mille tourmens et mille délices, et peut-être Bénédict chérissait-il autant les uns que les autres. Valentine pouvait avoir souvent encore des craintes d'offenser Dieu et souffrir de ses scrupules religieux. Mais lui, qui ne concevait pas aussi bien l'étendue des devoirs d'une femme, se flattait de n'avoir entraîné Valentine dans aucune faute et de ne l'exposer à aucun repentir. Il lui sacrifiait avec joie ces brûlantes aspirations qui le dévoraient. Il était fier de savoir souffrir et se vaincre ; tout bas, son imagination s'enivrait de mille désirs et de mille rêves; mais tout haut, il bénissait Valentine des moindres faveurs. Effleurer ses cheveux, respirer ses parfums, se coucher sur l'herbe à ses pieds, la tête appuyée sur un coin de son tablier de foulard, reprendre sur le front de Valentin un des baisers qu'elle venait d'y déposer, emporter le soir le bouquet qui s'était flétri à sa ceinture, c'étaient là les grands accidens et les grandes joies de cette vie de privation, d'amour et de bonheur.

QUATRIÈME PARTIE.

X

Quinze mois s'écoulèrent ainsi. Quinze mois de calme et de bonheur dans la vie de cinq individus, c'est presque fabuleux. Il en fut ainsi pourtant. Les seules craintes qu'éprouva Bénédict furent en voyant quelquefois Valentine pâle et rêveuse. Alors il se hâtait d'en chercher la cause, et il découvrait toujours qu'elle avait rapport à quelque alarme de son ame pieuse et timorée. Il parvenait toujours à chasser ces légers nuages, car Valentine n'avait plus le droit de douter de sa force et de sa soumission. Les lettres de M. de Lansac achevaient de la rassurer. Elle avait pris le parti de lui écrire que Louise était installée à la ferme avec son fils, et que *M. Lhéry* (Bénédict), s'occupait de l'éducation de ce jeune homme, sans dire dans quelle intimité elle vivait avec ces trois personnes. Elle avait ainsi expliqué leurs relations, en affectant de regarder M. de Lansac comme lié envers elle par la promesse de lui laisser voir sa sœur. Toute cette histoire avait paru bizarre et ridicule à M. de Lansac. S'il n'avait pas tout-à-fait deviné la vérité, du moins était-il sur la voie. Il avait haussé les épaules en songeant au mauvais goût et au mauvais ton d'une intrigue de sa femme avec quelque cuistre de province.

Mais, tout bien considéré, la chose lui plaisait mieux ainsi qu'autrement. Il s'était marié avec la ferme résolution de ne pas s'embarrasser de madame de Lansac, et pour le moment, il entretenait avec une première danseuse du théâtre de St.-Pétersbourg des relations qui lui faisaient envisager très-philosophiquement la vie. Il trouvait donc fort juste que sa femme se créât de son côté des affections qui l'enchaînassent loin de lui sans reproches et sans murmures. Tout ce qu'il désirait, c'est qu'elle agît avec prudence, et qu'elle ne le couvrît point, par une conduite dissolue, de ce sot et injuste ridicule qui s'attache aux maris trompés. Or, il se fiait assez au caractère de Valentine pour dormir en paix sur ce point, et puisqu'il fallait nécessairement à cette jeune femme abandonnée, ce qu'il appelait une occupation de cœur, il aimait mieux la lui voir chercher dans le mystère de la retraite qu'au milieu du bruit et de l'éclat des salons. Il se garda donc bien de critiquer ou de blâmer son genre de vie, et toutes ses lettres exprimèrent, dans les termes les plus affectueux et les plus honorables, la profonde indifférence avec laquelle il était résolu d'accueillir toutes les démarches de Valentine.

La confiance de son mari, dont elle attribua les motifs à de plus nobles causes, tourmenta long-temps Valentine en secret. Cependant, peu à peu, les susceptibilités de son esprit rigide s'engourdirent et se reposèrent dans le sein de Bénédict. Tant de respect, de stoïcisme, de désintéressement, un amour si pur et si courageux la touchèrent profondément. Elle en vint à se dire, que loin d'être un sentiment dangereux, c'était là une vertu héroïque et précieuse ; que Dieu et l'honneur sanctionnaient leurs liens ; que son ame s'épurait et se fortifiait à ce feu sacré. Toutes les sublimes utopies de la passion robuste et patiente vinrent l'éblouir. Elle osa bien remercier le ciel de lui avoir donné pour sauveur et pour appui, dans les périls de la vie, ce puissant et magnanime complice qui la protégeait et la gardait contre elle-même. La dévotion jusqu'alors avait été pour elle comme un code de principes sacrés, fortement raisonnés et gravement repassés chaque jour pour la défense de ses mœurs ; elle changea de nature dans son esprit, et devint une passion poétique et enthousiaste, une source de rêves ascétiques et brûlans, qui, bien loin de servir de rempart à son cœur, l'ouvrirent de tous côtés aux attaques de la passion. Cette dévotion nouvelle lui sembla meilleure que l'ancienne. Comme elle la sentit plus intense et plus féconde en vives sensations, en ardentes aspirations vers le ciel, elle l'accueillit avec imprudence, et se plut à penser que l'amour de Bénédict l'avait allumée.

—De même que le feu purifie l'or, se disait-elle, l'amour vertueux élève l'ame, dirige son essor vers Dieu, source de tout amour,

Mais, hélas! Valentine ne s'aperçut point que cette foi, retrempée au feu des passions humaines, transigeait souvent avec les devoirs de son origine, et descendait à des alliances terrestres. Elle la laissa ravager les forces que vingt ans de calme et de méditation avaient amassées en elle. Elle lui laissa envahir et altérer ses convictions, jadis si nettes et si rigides, et couvrir de ses fleurs trompeuses l'âpre et étroit sentier du devoir. Ses prières devinrent plus longues; le nom et l'image de Bénédict s'y mêlaient sans cesse et elle ne les repoussait plus. Elle s'en entourait pour s'exciter à mieux prier. Le moyen était infaillible, mais il était dangereux. Valentine sortait de son oratoire avec une ame exaltée, des nerfs irrités, un sang actif et brûlant ; alors les regards et les paroles de Bénédict ravageaient son cœur comme une lave ardente. Qu'il eût été assez hypocrite ou assez habile pour présenter l'adultère sous un jour mystique, et

Valentine se perdait en invoquant le ciel.

Mais ce qui devait les préserver longtemps, c'était la candeur de ce jeune homme, en qui résidait vraiment une ame honnête. Il s'imaginait qu'au moindre effort pour ébranler la vertu de Valentine, il devait perdre son estime et sa confiance, si péniblement achetées. Il ne savait pas qu'une fois engagé sur la pente rapide des passions, on ne revient guère sur ses pas. Il n'avait pas la conscience de sa puissance; l'eût-il eue, peut-être ne s'en serait-il pas servi, tant était droit et loyal encore cet esprit tout neuf et tout jeune.

Il fallait voir de quelles nobles fatuités, de quels sublimes paradoxes ils sanctionnaient leur imprudent amour!

— Comment pourrais-je t'engager à manquer à tes principes, disait Bénédict à Valentine, moi qui te chéris pour cette force virile que tu m'opposes? Moi qui, après tout, préfère ta vertu à ta beauté, et ton ame à ton corps! Moi, qui te tuerais avec moi, si l'on pouvait m'assurer de te posséder immédiatement dans le ciel, comme les anges possèdent Dieu!

— Non, tu ne saurais mentir, lui répondait Valentine, toi que Dieu m'a envoyé pour m'apprendre à le connaître et à l'aimer, toi qui le premier m'as fait concevoir sa puissance et m'as enseigné les merveilles de la création! Hélas! je la croyais si petite et si bornée. Mais toi, tu as agrandi le sens des prophéties, tu m'as donné la clef des poésies sacrées, tu m'as révélé l'existence d'un vaste univers, dont le pur amour est le lien et le principe. Je sais maintenant que nous avons été créés l'un pour l'autre, et que l'alliance immatérielle contractée entre nous est préférable à tous les liens terrestres.

Un soir, ils étaient tous réunis dans le joli salon du pavillon. Valentin, qui avait une voix agréable et fraîche, essayait une romance. Sa mère l'accompagnait. Athénaïs, un coude appuyé sur le piano, regardait attentivement son jeune favori et ne voulait point s'apercevoir du malaise qu'elle lui causait. Bénédict et Valentine, assis près de la fenêtre, s'enivraient des parfums de la soirée, de calme, d'amour, de mélodie et d'air pur. Jamais Valentine n'avait senti une si profonde sécurité. L'enthousiasme se glissait de plus en plus dans son ame, et, sous le voile d'une juste admiration pour la vertu de son amant, grandissait sa passion intense et rapide. La pâle clarté des étoiles leur permettait à peine de se voir. Pour remplacer ce chaste et dangereux plaisir que verse le regard, ils laissèrent leurs mains s'enlacer. Peu à peu, l'étreinte devint plus brûlante, plus avide ; leurs siéges se rapprochèrent insensiblement, leurs cheveux s'effleuraient et se communiquaient l'électricité abondante qui s'exhale du crâne humain ; leurs haleines se mêlaient, et la brise du soir s'embrasait autour d'eux. Bénédict, accablé sous le poids de ce bonheur si délicat et si pénétrant que recèle un amour à la fois repoussé et partagé, pencha sa tête sur le bord de la croisée et appuya son front sur la main de Valentine qu'il tenait toujours dans les siennes. Ivre et palpitant, il n'osait faire un mouvement de peur de déranger l'autre main qui s'était glissée sur sa tête et qui se promenait, moelleuse et légère, comme le souffle d'un follet, parmi les flots rudes et noirs de sa chevelure. C'était une émotion qui brisait sa poitrine et qui faisait refluer tout son sang à son cœur. Il y avait de quoi en mourir; mais il serait mort plutôt que de laisser voir son trouble, tant il craignait d'éveiller les méfiances et les remords de Valentine. Si elle avait su quels torrens de délices elle versait dans son sein, elle se fût retirée. Pour obtenir cet abandon, ces molles caresses, ces cuisantes voluptés, il fallait y paraître insensible. Bénédict retenait sa respiration, comprimait l'ardeur de sa fièvre, et tendait toutes ses facultés pour en concentrer l'action.

Son silence finit par gêner Valentine; elle lui parla pour se distraire de l'émotion trop vive qui commençait à la gagner aussi :

— N'est-ce pas que nous sommes heureux ? lui dit-elle, peut-être pour lui faire entendre ou pour se dire à elle-même qu'il ne fallait pas désirer de l'être davantage.

— Oh! dit Bénédict en s'efforçant malgré lui d'assurer le son de sa voix, il faudrait mourir ainsi !

Un pas rapide, qui traversait la pelouse et s'approchait du pavillon, retentit au milieu du silence. Je ne sais quel pressentiment vint effrayer Bénédict; il serra convulsivement la main de Valentine et la pressa contre son cœur, qui battait aussi haut dans sa poitrine que le bruit inquiétant de ces pas inattendus. Valentine sentit le sien se glacer d'une peur vague mais terrible; elle retira brusquement ses mains et se dirigea vers la porte. Mais elle s'ouvrit avant qu'elle l'eût atteinte, et Catherine essoufflée parut.

— Madame, dit-elle d'un air empressé et consterné, M. de Lansac est au château.

Ce mot fit sur tous ceux qui l'entendirent le même effet qu'une pierre lancée au sein des ondes pures et immobiles d'un lac; les cieux, les arbres, les délicieux paysages qui s'y reflétaient se brisent, se tordent et s'effacent : un caillou a suffi pour faire rentrer dans le chaos toute une scène enchantée. Ainsi fut rompue l'harmonie délicieuse qui régnait en ce lieu une minute auparavant. Ainsi fut bouleversé le beau rêve de bonheur dont se berçait cette famille. Dispersée tout-à-coup comme les feuilles que le vent balaie en tourbillon, elle se sépara pleine d'anxiétés et d'alarmes. Valentine pressa Louise et son fils dans ses bras.

— A jamais à vous! leur dit-elle en les

quittant ; nous nous reverrons bientôt j'espère, peut-être demain.

Valentin secoua tristement la tête. Un mouvement de fierté et de haine indéfinissable venait d'éclore en lui au nom de M. de Lansac. Il avait souvent songé que ce noble comte pourrait bien le chasser de sa maison ; cette idée avait par fois empoisonné le bonheur qu'il y goûtait.

— Cet homme fera bien de vous rendre heureuse, dit-il à sa tante d'un air martial qui la fit sourire d'attendrissement, sinon il aura affaire à moi !

— Que pourrais-tu craindre avec un tel chevalier ? dit Athénaïs à madame de Lansac en s'efforçant de paraître gaie, et en donnant une petite tape de sa main ronde et polie sur la joue enflammée du jeune homme.

— Venez-vous, Bénédict ? cria Louise en se dirigeant vers la porte du parc qui s'ouvrait sur la campagne.

— Tout-à-l'heure, répondit-il.

Il suivit Valentine vers l'autre sortie, et tandis que Catherine éteignait à la hâte les bougies et fermait le pavillon :

— Valentine!.. lui dit-il d'une voix sourde et violemment agitée.

Il ne put en dire davantage. Comment eût-il osé exprimer d'ailleurs le sujet de ses craintes et de sa fureur ?

Valentine le comprit, et lui tendant la main d'un air ferme :

— Soyez tranquille ! lui répondit-elle avec un sourire d'amour et de fierté.

L'expression de sa voix et de son regard eurent tant de puissance sur Bénédict, que, docile à la volonté de Valentine, il s'éloigna presque tranquille.

XI

M. DE LANSAC, en costume de voyage et affectant une grande fatigue, s'était drapé nonchalamment sur le canapé du grand salon. Il vint au-devant de Valentine d'un air galant et empressé dès qu'il l'aperçut. Valentine tremblait et se sentait prête à s'évanouir. Sa pâleur, sa consternation n'échappèrent point au comte. Il feignit de ne pas s'en apercevoir, et lui fit compliment au contraire sur l'éclat de ses yeux et la fraîcheur de son teint. Puis il se mit aussitôt à causer avec cette aisance que donne l'habitude de la dissimulation; et le ton dont il parla de son voyage, la joie qu'il exprima de se retrouver auprès de sa femme, les questions bienveillantes qu'il lui adressa sur sa santé, sur les plaisirs de sa retraite, l'aidèrent à se remettre de son émotion et à paraître, comme lui, calme, gracieuse et polie.

Ce fut alors seulement qu'elle remarqua, dans un coin du salon, un homme gros et court, d'une figure rude et commune. M. de Lansac le lui présenta comme *un de ses amis*; il y avait quelque chose de contraint dans la manière dont M. de Lansac prononça ces mots; le regard sombre et terne de cet homme, le salut roide et gauche qu'il lui rendit, inspirèrent à Valentine un éloignement irrésistible pour cette figure ingrate, qui semblait se trouver déplacée en sa présence, et qui s'efforçait, à force d'impudence, de déguiser le malaise de sa situation.

Après avoir soupé à la même table, et vis-à-vis de cet inconnu d'un extérieur si repoussant, M. de Lansac pria Valentine de donner des ordres pour qu'on préparât un des meilleurs appartemens du château à son bon *M. Grapp*. Valentine obéit, et, quelques instans après, M. Grapp se retira, après avoir échangé quelques paroles à voix basse avec M. de Lansac, et avoir salué sa femme avec le même embarras et le même regard d'insolente servilité que la première fois.

Lorsque les deux époux furent seuls ensemble, une mortelle frayeur s'empara de Valentine; pâle et les yeux baissés, elle cherchait en vain à renouer la conversation, quand M. de Lansac, rompant le silence, lui demanda la permission de se retirer, accablé qu'il était de fatigue.

—Je suis venu de Pétersbourg en quinze jours, lui dit-il avec une sorte d'affectation; je ne me suis arrêté que vingt-quatre heures à Paris, aussi je crois... j'ai certainement de la fièvre.

—Oh! sans doute, vous avez... vous devez avoir la fièvre, répéta Valentine avec un empressement maladroit.

Un sourire haineux effleura les lèvres discrètes du diplomate.

—Vous avez l'air de Rosine dans *le Barbier!* dit-il d'un ton semi plaisant, semi amer; *buona sera, don Basilio!* Ah! ajouta-t-il en se traînant vers la porte d'un air accablé, j'ai un impérieux besoin de sommeil! Une nuit de plus en poste et je tombais malade. Il y a de quoi, n'est-ce pas, ma chère Valentine?

—Oh oui! répondit-elle, il faut vous reposer; je vous ai fait préparer...

— L'appartement du pavillon, n'est-il pas vrai, ma très-belle? Nul n'est plus silencieux et plus propice au sommeil. J'aime ce pavillon, il me rappellera l'heureux temps où je vous voyais tous les jours...

— Le pavillon! répondit Valentine d'un air épouvanté qui n'échappa point à son mari, et qui lui servit de point de départ pour les découvertes qu'il se proposait de faire avant peu.

— Est-ce que vous avez disposé du pavillon? dit-il d'un air parfaitement simple et indifférent.

— J'en ai fait une espèce de retraite pour étudier, répondit-elle avec embarras, car elle ne savait pas mentir. Le lit est enlevé, il ne saurait être prêt pour ce soir... Mais l'appartement de ma mère, au rez-de-chaussée, est tout prêt à vous recevoir... s'il vous convient.

— J'en réclamerai peut-être un autre demain, dit M. de Lansac avec une intention féroce de vengeance, et un sourire plein d'une fade tendresse; en attendant, je m'arrangerai de celui que vous m'assignez.

Il lui baisa la main. Sa bouche sembla glacée à Valentine. Elle froissa cette main dans l'autre, pour la ranimer, quand elle se trouva seule. Malgré la soumission de M. de Lansac à se conformer à ses désirs, elle comprenait si peu ses véritables intentions, que la peur domina d'abord toutes les angoisses de son ame. Elle s'enferma dans sa chambre, et le souvenir confus de cette nuit de léthargie qu'elle y avait passée avec Bénédict lui revenant à l'esprit, elle se leva et marcha dans l'appartement avec agitation pour chasser les idées décevantes et cruelles que la commémoration de ces événemens éveillait en elle. Vers trois heures, ne pouvant ni dormir, ni respirer, elle ouvrit sa fenêtre. Ses yeux s'arrêtèrent long-temps sur un objet immobile, qu'elle ne pouvait préciser, mais qui, se mêlant aux tiges des arbres, semblait être un tronc d'arbre lui-même. Mais tout-à-coup elle le vit se mouvoir et s'approcher : elle reconnut Bénédict. Épouvantée de le voir ainsi se montrer, à découvert, en face des fenêtres de M. de Lansac, qui étaient directement au-dessous des siennes, elle se pencha avec épouvante pour lui indiquer, par signes, le danger auquel il s'exposait. Mais Bénédict, au lieu d'en être effrayé, ressentit une joie vive en apprenant que son rival occupait cet appartement. Il joignit les mains, les éleva vers le ciel avec reconnaissance et disparut. Malheureusement M. de Lansac, que l'agitation fébrile du voyage empêchait aussi de dormir, avait observé cette scène de derrière un rideau qui le cachait à Bénédict.

Le lendemain, M. de Lansac et M. Grapp se promenèrent seuls, dès le matin.

— Eh bien! dit le petit homme ignoble au noble comte, avez-vous parlé à votre *épouse?*

— Comme vous y allez, mon cher! Eh! donnez-moi le temps de respirer.

— Je ne l'ai pas, moi, Monsieur. Il faut terminer cette affaire avant huit jours, vous savez que je ne puis différer davantage.

— Eh! patience, dit le comte avec humeur.

— Patience? reprit le créancier d'une voix sombre, il y a dix ans, Monsieur, que je prends patience; et je vous déclare que ma patience est à bout. Vous deviez vous acquitter en vous mariant, et voici déjà deux ans que vous....

— Mais que diable craignez-vous? Cette terre vaut cinq cent mille francs, et n'est grevée d'aucune hypothèque.

— Je ne dis pas que j'aie rien à risquer, répondit l'intraitable; mais je dis que je veux rentrer dans mes fonds, réunir mes capitaux, et sans tarder. Cela est convenu, Monsieur, et j'espère que vous ne ferez pas encore cette fois comme les autres.

— Dieu m'en préserve! j'ai fait cet horrible voyage exprès pour me débarrasser à tout jamais de vous... de votre créance, je veux dire, et il me tarde de me voir enfin libre de soucis. Avant huit jours vous serez satisfait.

— Je ne suis pas si tranquille que vous, reprit l'autre du même ton rude et persévérant ; votre femme.... c'est-à-dire votre *épouse,* peut faire avorter tous vos projets ; elle peut refuser de signer....

— Elle ne refusera pas...

— Heim! vous direz peut-être que je vais trop loin. Mais moi, après tout, j'ai le droit de voir clair dans les affaires de famille. Il m'a semblé que vous n'étiez pas aussi enchantés de vous revoir que vous me l'aviez fait entendre...

— Comment! dit le comte pâlissant de colère à l'insolence de cet homme.

— Non, non! reprit tranquillement l'usurier. Madame la comtesse a eu l'air médiocrement flatté. Je m'y connais, moi...

— Monsieur! dit le comte d'un ton menaçant.

— Monsieur! dit l'usurier d'un ton plus haut encore et fixant sur son débiteur ses petits yeux de sanglier; écoutez, il faut de la franchise en affaires, et vous n'en avez point mis dans celle-ci... Écoutez, écoutez! il ne s'agit pas de s'emporter. Je n'ignore pas que d'un mot madame de Lansac peut ruiner ma créance; et qu'est-ce que je tirerai de vous, après? Quand je vous ferais coffrer à Sainte-Pélagie? il faudrait vous y nourrir, et il n'est pas sûr qu'au train dont va l'affection de votre femme, elle voulût vous en tirer de si tôt...

— Mais enfin, Monsieur, s'écria le comte outré, que voulez-vous dire? Sur quoi fondez-vous?...

— Je veux dire que j'ai aussi, moi, une femme jeune et jolie. Avec de l'argent, qu'est-ce qu'on n'a pas? Eh bien! quand j'ai fait une absence de quinze jours seulement, quoique ma maison soit aussi grande que la vôtre, ma femme, je veux dire mon épouse, n'occupe pas le premier étage, tandis que j'occupe le rez-de-chaussée. Au lieu qu'ici, Monsieur..... Je sais bien que les ci-devant nobles ont conservé leurs anciens usages, qu'ils vivent à part de leurs femmes. Mais mordieu! Monsieur, il y a deux ans que vous êtes séparé de la vôtre!...

Le comte froissait avec fureur une branche qu'il avait ramassée pour se donner une contenance.

— Monsieur, brisons là! dit-il étouffant de colère. Vous n'avez pas le droit de vous immiscer dans mes affaires à ce point; demain vous aurez la garantie que vous exigez; et je vous ferai comprendre alors que vous avez été trop loin.

Le ton dont il prononça ces paroles effraya fort peu M. Grapp; il était endurci aux menaces, et il y avait une chose dont il avait bien plus peur que des coups de canne : c'était la banqueroute de ses débiteurs.

La journée fut employée à visiter la propriété. M. Grapp avait fait venir dans la matinée un employé au cadastre. Il parcourut les bois, les champs, les prairies, estimant tout, chicanant pour un sillon, pour un arbre abattu, dépréciant tout, prenant des notes, et faisant le tourment et le désespoir du comte, qui fut vingt fois tenté de le jeter dans la rivière. Les habitans de Grangeneuve furent fort surpris de voir arriver ce noble comte en personne, escorté de son acolyte qui examinait tout, et dressait presque déjà l'inventaire du bétail et du mobilier aratoire. M. et madame Lhéry crurent voir, dans cette démarche de leur nouveau propriétaire, un témoignage de méfiance et l'intention de résilier le bail. Ils ne demandaient pas mieux désormais. Un riche maître de forges, parent et ami de la maison, venait de mourir sans enfans et de laisser, par testament, deux cent mille francs à *sa chère et digne filleule Athénaïs Lhéry, femme Blutty*. Le père Lhéry proposa donc à M. de Lansac la résiliation du bail, et M. Grapp se chargea de répondre que dans trois jours les parties s'entendraient à cet égard.

Valentine avait cherché vainement une occasion d'entretenir son mari et de lui parler de Louise. Après le dîner, M. de Lansac proposa à Grapp d'examiner le parc. Ils sortirent ensemble, et Valentine les suivit, craignant, avec quelque raison, les recherches du côté du parc réservé. M. de Lansac lui offrit son bras, et affecta de s'entretenir avec elle sur un ton d'amitié et d'aisance parfaite.

Elle commençait à reprendre courage et se serait hasardée à lui adresser quelques questions, lorsque la clôture particulière dont elle avait entouré sa *réserve* vint frapper l'attention de M. de Lansac.

— Puis-je vous demander, ma chère, ce que signifie cette division? lui dit-il d'un ton simple. On dirait d'une remise pour le gibier. Vous livrez-vous donc au royal plaisir de la chasse?

Valentine expliqua, en s'efforçant de prendre un ton dégagé, qu'elle avait établi sa retraite particulière en ce lieu, et qu'elle y venait jouir d'une plus libre solitude pour travailler.

— Eh, mon Dieu! dit M. de Lansac, quel travail profond et consciencieux exige donc de semblables précautions! Eh quoi! des palissades, des grilles, des massifs impénétrables! Mais vous avez fait du pavillon un palais de fées, j'imagine! Moi qui croyais déjà la solitude du château si austère! Vous la dédaignez, vous! C'est le secret du cloître, c'est le mystère qu'il faut à vos sombres élucubrations. Mais, dites-moi, cherchez-vous la pierre philosophale? ou la meilleure forme de gouvernement? Je vois bien que nous avons tort là-bas de nous creuser l'esprit sur la destinée des empires. Tout cela se pèse, se prépare et se dénoue au pavillon de votre parc.

Valentine, accablée et effrayée de ces plaisanteries où il lui semblait voir percer moins de gaieté que de malice, eût voulu pour beaucoup détourner M. de Lansac de ce sujet. Mais il insista pour qu'elle leur fît les honneurs de sa retraite, et il fallut s'y résigner. Elle avait espéré le prévenir de ses réunions de chaque jour avec sa sœur et l'enfant de sa sœur, avant qu'il entreprît cette promenade. En conséquence, elle n'avait point donné à Catherine l'ordre de faire disparaître les traces que ses amis pouvaient y avoir laissées de leur présence quotidienne. M. de Lansac les saisit du premier coup-d'œil; des vers écrits au crayon sur le mur, par Bénédict, et qui célébraient les doucours de l'amitié et le repos des champs ; le nom de Valentin, qui, par une habitude toute scolastique, était tracé de tous côtés; des cahiers de musique appartenant à Bénédict et portant son chiffre ; un joli fusil de chasse avec lequel Valentin poursuivait quelquefois les lapins dans le parc, tout fut exploré minutieusement par M. de Lansac, et lui fournit le sujet de quelque remarque moitié aigre, moitié plaisante. Enfin il ramassa sur un fauteuil une élégante casquette de crin qui appartenait à Valentin, et la montrant à Valentine :

— Est-ce là, lui dit-il en affectant de rire, la toque de l'invisible alchimiste que vous évoquez en ce lieu ?

— Il l'essaya, s'assura qu'elle était trop petite pour un homme, et la replaça sur le piano; puis se retournant vers Grapp, comme si un mouvement de colère et de vengeance contre sa femme l'eût emporté sur les ménagemens qu'il devait à sa position :

— Combien évaluez-vous ce pavillon? lui dit-il d'un ton brusque et sec.

— Presque rien, répondit l'autre. Ces objets de luxe et de fantaisie sont des *non-valeurs* dans une propriété. La bande noire ne vous en donnerait pas cinq cents francs. Dans l'intérieur d'une ville, c'est différent. Mais quand il y aurait, autour de cette construction, un champ d'orge ou une prairie artificielle, je suppose, à quoi serait-il bon? à jeter par terre, pour le moëllon et la charpente.

Le ton grave dont Grapp prononça cette réponse fit passer un frisson involontaire dans le sang de Valentine. Quel était donc cet homme à figure immonde, dont le regard sombre semblait dresser l'inventaire de sa maison, dont la voix appelait la ruine sur le toit de ses pères, dont l'imagination promenait la charrue sur ces jardins, asile mystérieux d'un bonheur pur et modeste?

Elle regarda en tremblant M. de Lansac;

son air insouciant et calme était impénétrable.

Vers dix heures du soir, Grapp, se préparant à se retirer dans sa chambre, attira M. de Lansac sur le perron.

— Ah çà! lui dit-il avec humeur, voici tout un jour de perdu, tâchez que cette nuit amène un résultat pour mes affaires, sinon je m'en explique dès demain avec madame de Lansac. Si elle refuse de faire honneur à vos dettes, je saurai au moins à quoi m'en tenir. Je vois bien que ma figure ne lui plaît guère ; je ne veux pas l'ennuyer, mais je ne veux pas qu'on se joue de moi. D'ailleurs, je n'ai pas le temps de m'amuser à la vie de château. Parlez, Monsieur, aurez-vous un entretien ce soir avec votre épouse?

— Morbleu! Monsieur, s'écria Lansac impatienté, en frappant sur la grille dorée du perron, vous êtes un bourreau!

— C'est possible, répondit Grapp, jaloux

de se venger par l'insulte de la haine et du mépris qu'il inspirait. Mais, croyez-moi, transportez votre oreiller à un autre étage.

Il s'éloigna en grommelant je ne sais quelles sales réflexions. Le comte, qui n'était pas fort délicat dans le cœur, l'était pourtant assez dans la forme. Il ne put s'empêcher de penser en cet instant que cette chaste et sainte institution du mariage s'était horriblement souillée en traversant les siècles boueux de notre civilisation.

Mais d'autres pensées, qui avaient un rapport plus intéressant avec sa situation, occupèrent bientôt son esprit pénétrant et froid.

XII

M. DE LANSAC se trouvait dans une des plus diplomatiques situations qui puisse se présenter dans la vie d'un homme du monde. Il y a plusieurs sortes d'honneur en France ; l'honneur d'un paysan n'est pas l'honneur d'un gentilhomme, celui d'un gentilhomme n'est pas celui d'un bourgeois. Il y en a pour tous les rangs et peut-être aussi pour tous les individus. Ce qu'il y a de certain, c'est que M. de Lansac en avait à sa manière. Philosophe sous certains rapports, il avait encore des préjugés sous bien d'autres. Dans ces temps de lumières, de perceptions hardies et de rénovation générale, les vieilles notions du bien et du mal doivent nécessairement s'altérer un peu, et l'opinion flotter incertaine sur d'innombrables contestations de limites.

M. de Lansac consentait bien à être *trahi*, mais non pas *trompé*. A cet égard il avait fort raison. Avec les doutes que certaines découvertes élevaient en lui, relativement à la fidélité de sa femme, on conçoit qu'il n'était pas disposé à effectuer un rapprochement plus intime et à couvrir de sa responsabilité les suites d'une erreur présumée. Ce qu'il y avait de laid dans sa situation, c'est que de viles considérations d'argent entravaient l'exercice de sa dignité, et le forçaient à marcher de biais vers son but.

Il était livré à ces réflexions, lorsque, vers minuit, il lui sembla entendre un léger bruit dans la maison, silencieuse et calme depuis plus d'une heure.

Une porte vitrée donnait du salon sur le jardin à l'autre extrémité du bâtiment, mais sur la même façade que l'appartement du comte. Il s'imagina entendre ouvrir cette porte avec précaution. Aussitôt le souvenir de ce qu'il avait vu la nuit précédente, joint au désir ardent d'obtenir des preuves qui lui donneraient un empire sans bornes sur sa femme, vinrent le frapper; il passa à la hâte une robe de chambre, mit des pantoufles fourrées, et marchant dans l'obscurité, avec toute la précaution d'un homme habitué à la prudence, il sortit par la porte encore entr'ouverte du salon, et s'enfonça dans le parc sur les traces de Valentine.

Bien qu'elle eût refermé sur elle la grille

de l'enclos, il lui fut facile d'y pénétrer, en escaladant la clôture, quelques minutes après elle. Guidé par l'instinct et par de faibles bruits, il arriva au pavillon ; et, se cachant parmi les hauts dahlias qui croissaient devant la principale fenêtre, il put entendre tout ce qui s'y passait.

Valentine, oppressée par l'émotion que lui causait une telle démarche, s'était laissée tomber en silence sur le sofa du salon. Bénédict, debout auprès d'elle, et non moins troublé, resta muet aussi pendant quelques instans ; enfin il fit un effort pour sortir de cette pénible situation.

— J'étais fort inquiet, lui dit-il ; je craignais que vous n'eussiez pas reçu mon billet.

— Ah, Bénédict! répondit tristement Valentine ; ce billet est d'un fou, et il faut que je sois folle moi-même pour me soumettre à cette audacieuse et coupable sommation. Oh! j'ai failli ne pas venir, mais je n'ai pas eu la force de résister ; que Dieu me le pardonne!

— Sur mon ame, Madame! dit Bénédict avec un emportement dont il n'était pas maître, vous avez fort bien fait de ne l'avoir pas eue, car au risque de votre vie et de la mienne, j'aurais été vous chercher, fût-ce...

— N'achevez pas, malheureux! Maintenant vous êtes rassuré, dites-moi? Vous m'avez vue, vous êtes bien sûr que je suis libre, laissez-moi vous quitter...

— Croyez-vous donc être en danger ici, et croyez-vous n'y être pas au château?

— Tout ceci est bien coupable et bien ridicule, Bénédict. Heureusement Dieu semble inspirer à M. de Lansac la pensée de ne pas m'exposer à une criminelle révolte...

— Madame, je ne crains pas votre faiblesse, je crains vos principes.

— Oseriez-vous les combattre maintenant?

— Maintenant, Madame, je ne sais pas ce que je n'oserais pas. Ménagez-moi, je n'ai pas ma tête, vous le voyez bien.

—Oh, mon Dieu! dit Valentine avec amertume; que s'est-il donc passé en vous depuis si peu de temps? Est-ce ainsi que je devais vous retrouver! Vous, si calme et si fort, il y a vingt-quatre heures!

— Depuis vingt-quatre heures, répondit-il, j'ai vécu toute une vie de tortures, j'ai combattu avec toutes les furies de l'enfer! Non, non, en vérité, je ne suis plus ce que j'étais il y a vingt-quatre heures. Une jalousie diabolique, une haine inextinguible se sont réveillées. Ah, Valentine! je pouvais bien être vertueux il y a vingt-quatre heures, mais à présent tout est changé.

— Mon ami, dit Valentine effrayée, vous n'êtes pas bien; séparons-nous, cet entretien ne sert qu'à irriter vos souffrances. Songez d'ailleurs... Mon Dieu! n'ai-je pas vu comme une ombre passer devant la fenêtre!

— Qu'importe! dit Bénédict en approchant tranquillement de la fenêtre; ne vaut-il pas mieux cent fois vous voir tuer dans mes bras, que de vous savoir vivante aux bras d'un autre? Mais rassurez-vous, tout est calme, ce jardin est désert.

— Écoutez, Valentine, dit-il d'un ton calme, mais abattu; je suis bien malheureux. Vous avez voulu que je vécusse; vous m'avez condamné à porter un lourd fardeau!

— Hélas! dit-elle, des reproches! Depuis quinze mois, ne sommes-nous pas heureux, ingrat!

— Oui, Madame, nous étions heureux, mais nous ne le serons plus!

— Pourquoi ces noirs présages? Quelle calamité pourrait nous menacer?

— Votre mari peut vous emmener, il peut nous séparer à jamais, et il est impossible qu'il ne le veuille pas.

— Mais jusqu'ici, au contraire, ses intentions paraissent très-pacifiques. S'il avait celle de m'attacher à sa fortune, ne l'eût-il pas fait plus tôt ? J'ai dans l'idée précisément qu'il lui tarde d'être débarrassé de je ne sais quelles affaires...

— Ces affaires, j'en soupçonne la nature. Permettez-moi de vous le dire, Madame, puisque l'occasion s'en présente, ne dédaignez pas le conseil d'un ami dévoué, qui s'occupe fort peu des affaires et des spéculations de ce monde, mais qui sort de son indifférence exceptionnelle lorsqu'il s'agit de vous. M. de Lansac a des dettes, vous ne l'ignorez pas.

— Je ne l'ignore pas, Bénédict, mais je trouve fort peu convenable d'examiner sa conduite avec vous et en ce lieu...

— Rien n'est moins *convenable* que la passion que j'ai pour vous, Valentine; mais si vous l'avez tolérée jusqu'ici par compassion pour moi, vous devez tolérer de même un avis que je vous donne par intérêt pour vous. Ce que je dois conclure de la conduite de votre mari à votre égard, c'est que cet homme est peu empressé, et par conséquent peu digne de vous posséder. Vous seconderiez peut-être ses intentions secrètes en vous créant sur-le-champ une existence à part de la sienne...

— Je vous comprends, Bénédict, vous me proposez une séparation, une sorte de divorce, vous me conseillez un crime...

—Eh non, Madame! dans les idées de soumission conjugale que vous nourrissez si religieusement, si M. de Lansac lui-même le désire, rien de plus moral qu'une division sans éclat et sans scandale. A votre place, je la solliciterais et n'en voudrais pour *garantie* que l'honneur des deux personnes intéressées. Mais par cette sorte de contrat fait entre vous avec bienveillance et loyauté, vous assureriez au moins votre existence à venir contre les envahissemens de ses créanciers, au lieu que je crains...

— J'aime à vous entendre parler ainsi, Bénédict, répondit-elle; ces conseils me prouvent votre candeur. Mais j'ai tant entendu parler d'affaires à ma mère, que j'en ai un peu plus que vous la connaissance. Je sais que nulle promesse n'engage un homme sans honneur à respecter les biens de sa femme, et si j'avais le malheur d'être mariée à un pareil homme, je n'aurais d'autre ressource que ma fermeté, d'autre guide que ma conscience ; mais rassurez-vous, Bénédict, M. de Lansac est d'un cœur probe et généreux. Je ne redoute rien de semblable de sa part, et d'ailleurs je sais qu'il ne peut aliéner aucune de mes propriétés sans me consulter...

— Et moi, je sais que vous ne lui refuseriez aucune signature, car je connais votre facile caractère, votre mépris pour les richesses...

— Vous vous trompez, Bénédict ; j'aurais du courage, s'il le fallait. Il est vrai que pour moi je me contenterais de ce pavillon et de quelques arpens de terre ; réduite à douze cents francs de rente, je me trouverais encore riche. Mais ces biens dont on a frustré ma sœur, je veux au moins les transmettre à son fils après ma mort; Valentin sera mon héritier. Je veux qu'il soit un jour comte de Raimbault. C'est là le but de ma vie. Pourquoi avez-vous frémi ainsi, Bénédict?

— Vous me demandez pourquoi? s'écria Bénédict sortant de l'état plus calme où la tournure de cet entretien l'avait amené. Hélas! que vous connaissez peu la vie! Que vous êtes tranquille et imprévoyante! Vous parlez de mourir sans postérité, comme si... Juste ciel! tout mon sang se soulève à cette pensée; mais sur mon ame, si vous ne dites pas vrai, Madame...

Il se leva et marcha dans la chambre avec agitation; de temps en temps il cachait sa tête dans ses mains, et sa forte respiration trahissait les tourmens de son ame.

— Mon ami, lui dit Valentine avec doucœur, vous êtes aujourd'hui sans force et sans raison. Le sujet de notre entretien est d'une nature trop délicate; croyez-moi, brisons là, car je suis bien assez coupable d'être venue ici à une pareille heure sur la sommation d'un enfant sans prudence. Ces pensées orageuses qui vous torturent, je ne puis les calmer que par mon silence, et vous devriez savoir l'interpréter, sans exiger de moi des promesses coupables... Pourtant, ajouta-t-elle d'une voix tremblante en voyant l'agitation de Bénédict augmenter à mesure qu'elle parlait, s'il faut absolument pour vous rassurer et pour vous contenir, que je manque à tous mes devoirs et à tous mes scrupules, eh bien! soyez content, je vous jure sur votre affection et sur la mienne (je n'oserais jurer par le ciel!) que je mourrai plutôt que d'appartenir à aucun homme.

— Enfin!.. dit Bénédict d'une voix brève et s'approchant d'elle, vous daignez me jeter une parole d'encouragement! J'ai cru que vous me laisseriez partir dévoré d'inquiétude et de jalousie. J'ai cru que vous ne me feriez jamais le sacrifice d'une seule de vos étroites idées. Vraiment! vous avez promis cela! Mais, Madame, cela est héroïque!

— Vous êtes amer, Bénédict. Il y avait bien long-temps que je ne vous avais vu ainsi. Il faut donc que tous les chagrins m'arrivent à la fois!

— Ah! c'est que moi je vous aime avec fureur, dit Bénédict en lui prenant le bras avec un transport farouche. C'est que je donnerais mon ame pour sauver vos jours. C'est que je vendrais ma part du ciel pour épargner à votre cœur le moindre des tourmens que le mien dévore. C'est que je commettrais tous les crimes pour vous amuser, et que vous ne feriez pas la plus légère faute pour me rendre heureux.

— Ah! ne parlez pas ainsi, répondit-elle avec abattement. Depuis si long-temps je m'étais habituée à me fier à vous. Il faudra donc encore craindre et lutter! Il faudra vous fuir peut-être.....

— Ne jouons pas sur les mots! s'écria Bénédict avec fureur et rejetant violemment son bras qu'il tenait encore. Vous parlez de me fuir! Condamnez-moi à mort, ce sera plus tôt fait. Je ne pensais pas, Madame, que vous reviendriez sur ces menaces; vous espérez donc que ces quinze mois m'ont changé? Eh bien! vous avez raison; ils m'ont rendu plus amoureux de vous que je ne l'avais jamais été; ils m'ont donné l'énergie de vivre, au lieu que mon ancien amour ne m'avait donné que celle de mourir. A présent, Valentine, il n'est plus temps de s'en départir; je vous aime exclusivement; je n'ai que vous sur la terre; je n'aime Louise et son fils que relativement à vous. Vous êtes mon avenir, mon but, ma seule passion, ma seule pensée; que voulez-vous que je devienne si vous me repoussez? Je n'ai point d'ambition, moi, point d'amis, point d'état;

je n'aurai jamais rien de tout ce qui compose la vie des autres ; vous m'avez dit souvent que dans un âge plus avancé je serais avide des mêmes intérêts que le reste des hommes. Je ne sais si vous auriez jamais raison avec moi sur ce point ; mais ce qu'il y a de certain, c'est que je suis encore loin de l'âge où les nobles passions s'éteignent, et que je ne puis pas avoir la volonté de l'atteindre si vous m'abandonnez. Non, Valentine, vous ne me chasserez pas, cela est impossible ; ayez pitié de moi, je manque de courage !

Bénédict fondit en pleurs. Il faut de telles commotions morales pour amener aux larmes et à la faiblesse de l'enfant l'homme irrité et passionné, que la femme la moins impressionnable résiste rarement à ces rapides élans d'une sensibilité impérieuse. Valentine se jeta en pleurant dans le sein de celui qu'elle aimait, et l'ardeur dévorante du baiser qui unit leurs lèvres lui fit connaître enfin combien l'exaltation de la vertu est près de l'égarement. Mais ils eurent peu de temps pour s'en convaincre ; car à peine avaient-ils échangé cette brûlante effusion de leurs ames, qu'une petite toux sèche et un air d'opéra fredonné sous la fenêtre avec le plus grand calme, frappèrent Valentine de terreur. Elle s'arracha du sein de Bénédict, et, saisissant son bras d'une main froide et contractée, elle lui couvrit la bouche de son autre main.

— Nous sommes perdus, lui dit-elle à voix basse, c'est lui !

— Valentine, n'êtes-vous pas ici, ma chère ? dit M. de Lansac en approchant du perron avec beaucoup d'aisance.

— Cachez-vous ! dit Valentine en poussant Bénédict derrière une grande glace portative qui occupait un angle de l'appartement ; et elle s'élança au-devant de M. de Lansac avec cette force de dissimulation que la nécessité révèle miraculeusement aux femmes les plus novices.

— J'étais bien sûr de vous avoir vue prendre le chemin du pavillon, il y a un quart d'heure, dit Lansac en entrant, et, ne voulant pas troubler votre promenade solitaire, j'avais dirigé la mienne d'un autre côté ; mais l'instinct du cœur ou la force magique de votre présence me ramène malgré moi au lieu où vous êtes. Ne suis-je pas indiscret de venir interrompre ainsi vos rêveries ? et daignerez - vous m'admettre dans le sanctuaire ?

— J'étais venue ici pour prendre un livre que je veux achever cette nuit, dit Valentine d'une voix forte et brève, toute différente de sa voix ordinaire.

— Permettez-moi de vous dire, ma chère Valentine, que vous menez un genre de vie tout-à-fait singulier, et qui m'alarme pour votre santé. Vous passez les nuits à vous promener et à lire; cela n'est ni raisonnable, ni prudent.

— Mais je vous assure que vous vous

trompez, dit Valentine en essayant de l'emmener vers le perron. C'est par hasard que, ne pouvant dormir cette nuit, j'ai voulu respirer l'air frais du parc. Je me sens tout-à-fait calmée. Je vais rentrer.

— Mais ce livre que vous vouliez emporter, vous ne l'avez pas?

— Ah! il est vrai, dit Valentine troublée. Et elle feignit de chercher un livre sur le piano. Par un malheureux hasard, il ne s'en trouvait pas un seul dans l'appartement.

— Comment espérez-vous le trouver dans cette obscurité? dit M. de Lansac. Laissez-moi allumer une bougie.

— Oh! ce serait impossible! dit Valentine épouvantée. Non, non, n'allumez pas; je n'ai pas besoin de ce livre, je n'ai plus envie de lire.

— Mais pourquoi y renoncer, quand il est si facile de se procurer de la lumière? J'ai remarqué hier sur cette cheminée un flacon phosphorique très-élégant. Je gagerais mettre la main dessus.

En même temps il prit le flacon, y plaça une allumette qui pétilla en jetant une vive lumière rougeâtre dans l'appartement, puis passant à un ton bleu et faible, sembla mourir en s'enflammant ; ce rapide éclair avait suffi à M. de Lansac pour saisir le regard d'épouvante que sa femme avait jeté sur la glace. Quand la bougie fut allumée, il affecta plus de calme et de simplicité encore ; il savait où était Bénédict.

—Puisque nous voici ensemble, ma chère, dit-il en s'asseyant sur le sofa, au mortel déplaisir de Valentine, je suis résolu de vous entretenir d'une affaire assez importante dont je suis tourmenté. Ici nous sommes bien sûrs de n'être ni écoutés ni interrompus : voulez-vous avoir la bonté de m'accorder quelques minutes d'attention?

Valentine, plus pâle qu'un spectre, se laissa tomber sur une chaise.

—Daignez vous approcher, ma chère, dit M. de Lansac en tirant à lui une petite table sur laquelle il plaça la bougie.

Il appuya son menton sur sa main, et entama la conversation avec l'aplomb d'un homme habitué à proposer aux souverains la paix ou la guerre sur le même ton.

XIII

—Je présume, ma chère amie, que vous désirez savoir quelque chose de mes projets, afin d'y conformer les vôtres, dit-il en attachant sur elle des yeux fixes et perçans qui la tinrent comme fascinée à sa place. Sachez donc que je ne puis quitter mon poste, ainsi que je l'espérais, avant un certain nombre d'années. Ma fortune a reçu un échec considérable qu'il m'importe de réparer par mes travaux. Vous emmènerai-je ou ne vous emmènerai-je pas? *That is the question*, comme dit Hamlet. Désirez-vous me suivre, désirez-vous rester? Autant qu'il dépendra de moi, je me conformerai à vos intentions; mais prononcez-vous, car sur ce point toutes vos lettres ont été d'une retenue par trop chaste. Je suis votre mari enfin, j'ai quelque droit à votre confiance.

Valentine remua les lèvres, mais sans pouvoir articuler une parole. Placée entre son maître railleur et son amant jaloux, elle était dans une horrible situation.

Elle essaya de lever les yeux sur M. de Lansac. Ce regard de faucon était toujours attaché sur elle. Elle perdit tout-à-fait contenance, balbutia et ne répondit rien.

— Puisque vous êtes si timide, reprit-il en élevant un peu la voix, j'en augure bien pour votre soumission, et il est temps que je vous parle des devoirs que nous avons contractés l'un envers l'autre. Jadis nous étions amis, Valentine, et ce sujet d'entretien ne vous effarouchait pas; aujourd'hui, vous êtes devenue avec moi d'une réserve que je ne sais comment expliquer. Je crains que des gens peu disposés en ma faveur ne vous aient beaucoup trop entourée en mon absence; je crains... vous dirai-je tout? que des intimités trop vives n'aient un peu affaibli la confiance que vous aviez en moi.

Valentine rougit et pâlit; puis elle eut le courage de regarder son mari en face pour s'emparer de sa pensée. Elle crut alors saisir une expression de malice haineuse sous cet air calme et bienveillant, et se tint sur ses gardes.

— Continuez, Monsieur, lui dit-elle avec plus de hardiesse qu'elle ne s'attendait elle-même à en montrer, j'attends que vous vous expliquiez tout-à-fait pour vous comprendre.

— Entre gens de bonne compagnie, répondit Lansac, on doit s'entendre avant même de se parler. Mais puisque vous le voulez, Valentine, je parlerai. Je souhaite, ajouta-t-il avec une affectation effrayante, que mes paroles ne soient pas perdues. Je vous parlais tout-à-l'heure de nos devoirs respectifs. Les miens sont de vous assister et de vous protéger...

— Oui, Monsieur, de me protéger, répéta Valentine avec consternation, et cependant avec quelque amertume.

— J'entends fort bien, reprit-il, vous trouvez que ma protection a un peu trop ressemblé jusqu'ici à celle de Dieu. J'avoue qu'elle a été un peu lointaine, un peu discrète ; mais si vous le désirez, dit-il d'un ton ironique, elle se fera sentir davantage.

Un brusque mouvement derrière la glace rendit Valentine aussi froide qu'une statue de marbre. Elle regarda son mari d'un air effaré ; mais il ne parut pas s'être aperçu de ce qui causait sa frayeur, et il continua.

—Nous en reparlerons, ma belle ; je suis trop homme du monde pour importuner des témoignages de mon affection les personnes qui la repousseraient. Ma tâche d'amitié et de protection envers vous sera donc remplie selon vos désirs et jamais au-delà, car, dans le temps où nous vivons, les maris sont particulièrement insupportables pour être trop fidèles à leurs devoirs. Que vous en semble?

— Je n'ai point assez d'expérience pour vous répondre.

— Fort bien répondu. Maintenant, ma chère belle, je vais vous parler de vos devoirs envers moi. Ce ne sera pas galant ; aussi, comme j'ai horreur de tout ce qui ressemble au pédagogisme, ce sera la seule et dernière fois de ma vie. Je suis convaincu que le sens de mes préceptes ne sortira jamais de votre mémoire. Mais comme vous tremblez! quel enfantillage! Me prenez-vous pour un de ces rustres antédiluviens, qui n'ont rien de plus agréable à mettre sous les yeux de leurs femmes, que le joug de la fidélité conjugale? Croyez-vous que je vais vous prêcher comme un vieux moine, et enfoncer dans votre cœur les stylets de l'inquisition pour vous demander l'aveu de vos secrètes pensées?

— Non, Valentine, non, reprit-il après une pause pendant laquelle il la contempla froidement. Je sais mieux ce qu'il faut vous dire pour ne pas vous troubler. Je ne réclamerai de vous que ce que je pourrai obtenir sans contrarier vos inclinations et sans faire saigner votre cœur. — Ne vous évanouissez pas, je vous en prie; j'aurai bientôt tout dit. — Je ne m'oppose nullement à ce que vous viviez intimement avec une famille de votre choix qui se rassemble souvent ici, et dont les traces peuvent attester la présence récente...

Il prit sur la table un album de dessins sur

lequel était gravé le nom de Bénédict, et le feuilleta d'un air d'indifférence.

— Mais, ajouta-t-il en repoussant l'album d'un air ferme et impérieux, j'attends de votre bon sens que nul conseil étranger n'intervienne dans nos affaires privées, et ne tente de mettre obstacle à la gestion de nos propriétés communes. J'attends cela de votre conscience, et je le réclame au nom des droits que votre position me donne sur vous. Eh bien! ne me répondrez-vous pas? Que regardez-vous dans cette glace?

— Monsieur, répondit Valentine frappée de terreur, je n'y regardais pas.

— Je croyais, au contraire, qu'elle vous occupait beaucoup. Allons, Valentine, répondez-moi, ou, si vous avez encore des distractions, je vais transporter cette glace dans un autre coin de l'appartement, où elle n'attirera plus vos yeux.

— N'en faites rien, Monsieur! s'écria Valentine éperdue. Que voulez-vous que je vous réponde? qu'exigez-vous de moi? que m'ordonnez-vous?

— Je n'ordonne rien, répondit-il en reprenant sa manière accoutumée et son air nonchalant. J'implore votre obligeance pour demain. Il sera question d'une longue et ennuyeuse affaire. Il faudra que vous consentiez à quelques arrangemens nécessaires, et j'espère qu'aucune influence étrangère ne saurait vous décider à me désobliger, pas même les conseils de votre miroir, ce donneur d'avis que les femmes consultent à propos de tout.

— Monsieur, dit Valentine d'un ton suppliant, je souscris d'avance à tout ce qu'il vous plaira d'imposer; mais retirons-nous, je vous prie, je suis très-fatiguée.

— Je m'en aperçois, reprit M. de Lansac.

Et pourtant il resta encore quelques instans assis avec indolence, regardant Valentine qui, debout, le flambeau à la main, attendait, avec une mortelle anxiété, la fin de cette scène.

Il eut bien l'idée d'une vengeance plus amère que celle qu'il venait d'exercer; mais, se rappelant la profession de foi que Bénédict avait faite quelques instans auparavant, il jugea fort prudemment ce jeune exalté capable de l'assassiner; il prit donc le parti de se lever et de sortir avec Valentine. Celle-ci, par une dissimulation bien inutile, affecta de fermer soigneusement la porte du pavillon.

— C'est une précaution fort sage, lui dit M. de Lansac d'un ton caustique, d'autant plus que les fenêtres sont disposées de manière à laisser entrer et sortir facilement ceux qui trouveraient la porte fermée.

Cette dernière remarque convainquit enfin Valentine de sa véritable situation à l'égard de son mari.

XIV

Le lendemain, à peine était-elle levée, que le comte et M. Grapp demandèrent à être admis dans son appartement. Ils apportaient différens papiers.

— Lisez-les, Madame, dit M. de Lansac en voyant qu'elle prenait machinalement la plume pour les signer.

Elle leva en pâlissant les yeux sur lui. Son regard était si absolu, son sourire si dédaigneux, qu'elle se hâta de signer d'une main tremblante, et les lui rendant :

— Monsieur, lui dit-elle, vous voyez que j'ai confiance en vous, sans examiner si les apparences vous accusent.

— J'entends, Madame, répondit Lansac en remettant les papiers à M. Grapp.

En ce moment, il se sentit si heureux et si léger d'être débarrassé de cette créance qui lui avait suscité dix ans de tourmens et de persécutions, qu'il eut pour sa femme quelque chose qui ressemblait à de la reconnaissance, et lui baisa la main en lui disant d'un air presque franc :

— Un service en vaut un autre, Madame.

Le soir même, il lui annonça qu'il était forcé de repartir le lendemain avec M. Grapp pour Paris, mais qu'il ne rejoindrait point l'ambassade sans lui avoir fait ses adieux et sans la consulter sur ses projets particuliers, auxquels, disait-il, il ne mettrait jamais d'opposition.

Il s'alla coucher, heureux d'être débarrassé de sa dette et de sa femme.

Valentine, en se retrouvant seule le soir, réfléchit enfin avec calme aux événemens de ces trois jours. Jusque-là, l'épouvante l'avait rendue incapable de raisonner sa position. Maintenant, que tout s'était arrangé à l'amiable, elle pouvait y porter un regard lucide. Mais ce ne fut pas la démarche irréparable qu'elle avait faite en donnant sa signature, qui l'occupa un seul instant. Elle ne put trouver dans son ame que le sentiment d'une consternation profonde, en songeant qu'elle était perdue sans retour dans l'opinion de son mari. Cette humiliation lui était si douloureuse, qu'elle absorbait toute autre sensation.

Espérant trouver un peu de calme dans la prière, elle s'enferma dans son oratoire. Mais alors, habituée qu'elle était à mêler le souvenir de Bénédict à toutes ses aspirations vers le ciel, elle fut effrayée de ne plus trouver cette image aussi pure au fond de ses pensées. Le souvenir de la nuit précédente, de cet entretien orageux dont chaque parole entendue sans doute par M. de Lansac, faisait monter la rougeur au front de Valentine; la sensation de ce baiser, qui était restée cuisante sur ses lèvres ; ses terreurs, ses remords, ses agitations, en se retraçant les moindres détails de cette scène : tout l'avertissait qu'il était temps de retourner en arrière, si elle ne voulait tomber dans un abîme. Jusque-là, le sentiment audacieux de sa force l'avait soutenue, mais un instant avait suffi pour lui montrer combien la volonté humaine est fragile. Quinze mois d'abandon et de confiance n'avaient pas rendu Bénédict tellement stoïque, qu'un instant n'eût détruit le fruit de ces vertus péniblement acquises, lentement amassées, témérairement vantées. Valentine ne pouvait pas se le dissimuler, son amour n'était pas celui des anges pour le Seigneur : c'était un amour terrestre, passionné, impétueux, un orage prêt à tout renverser.

Elle ne fut pas plus tôt descendue ainsi dans les replis de sa conscience, que son ancienne piété, rigide, positive et terrible, vint la tourmenter de repentirs et de frayeurs trop légitimes. Toute la nuit se passa dans ces angoisses. Elle essaya vainement de dormir. Enfin vers le jour, exaltée par ses souffrances, elle s'abandonna à un projet romanesque et sublime, qui a tenté plus d'une jeune femme au moment de commettre sa première faute ; elle résolut de voir son mari et d'implorer son appui.

Effrayée de ce qu'elle allait faire, à peine fut-elle habillée et prête à sortir de sa chambre, qu'elle y renonça. Puis elle y revint, recula encore, et, après un quart d'heure d'hésitations et de tourmens atroces, elle se détermina à descendre au salon et à faire demander M. de Lansac.

Il était à peine cinq heures du matin, le comte avait espéré quitter le château avant que sa femme fût éveillée. Il se flattait d'échapper ainsi à l'ennui de nouveaux adieux et de nouvelles dissimulations. L'idée de cette entrevue le contraria donc vivement, mais il n'était aucun moyen de s'y soustraire. Il se rendit au salon, un peu tourmenté de n'en pouvoir deviner l'objet.

L'attention avec laquelle Valentine ferma les portes afin de n'être entendue de personne, et l'altération de ses traits et de sa voix, achevèrent d'impatienter M. de Lansac, qui ne se sentait pas le temps d'essuyer une scène de sensibilité. Malgré lui, ses mobiles sourcils se contractèrent, et quand Valentine essaya de prendre la parole, elle trouva dans sa physionomie quelque chose de si glacial et de si repoussant, qu'elle resta devant lui muette et anéantie.

Quelques mots polis de son mari lui firent sentir qu'il s'ennuyait d'attendre; alors elle fit un effort violent pour parler, mais elle ne trouva que des sanglots pour exprimer sa douleur et sa honte.

—Allons, ma chère Valentine, dit-il enfin en s'efforçant de prendre un air ouvert et caressant, trêve de puérilités. Voyons, que pouvez avoir à me dire? Il me semblait que nous étions parfaitement d'accord sur tous les points. De grâce, ne perdons pas de temps, Grapp m'attend, Grapp est intraitable.

— Eh bien! Monsieur, dit Valentine en rassemblant son courage, je vous dirai en deux mots ce que j'ai à implorer de votre pitié. Emmenez-moi.

En parlant ainsi, elle courba presque le genou devant le comte, qui recula de trois pas.

—Vous emmener! vous? y pensez-vous, Madame?

— Je sais que vous me méprisez, s'écria Valentine avec la résolution du désespoir; mais je sais que vous n'en avez pas le droit. Je jure, Monsieur, que je suis encore digne d'être la compagne d'un honnête homme.

— Voudriez-vous me faire le plaisir de m'apprendre, dit le comte d'un ton lent et accentué par l'ironie, combien de promenades nocturnes vous avez faites *seule* (comme hier soir par exemple) au pavillon du parc, depuis environ deux ans que nous sommes séparés?

Valentine, qui se sentait innocente, sentit en même temps son courage augmenter.

— Je vous jure sur Dieu et l'honneur, dit-elle, que ce fut hier la première fois.

— Dieu est bénévole, et l'honneur des femmes est fragile. Tâchez de jurer par quelque autre chose.

— Mais, Monsieur, s'écria Valentine en saisissant le bras de son mari d'un ton d'autorité, vous avez entendu notre entretien cette nuit; je le sais, j'en suis sûre. Eh bien! j'en appelle à votre conscience, ne vous a-t-il pas prouvé que mon égarement fut toujours involontaire? N'avez-vous pas compris que si j'étais coupable et odieuse à mes propres yeux, du moins ma conduite n'était pas souillée de cette tache qu'un homme ne saurait pardonner? Oh! vous le savez bien! vous savez bien que, s'il en était autrement, je n'aurais pas l'effronterie de venir réclamer votre protection. Oh! Évariste, ne me la refusez pas! Il est temps encore de me sauver; ne me laissez pas succomber à ma destinée, arrachez-moi à la séduction qui m'environne et qui me presse. Voyez! je la fuis, je la hais, je veux la repousser! Mais je suis une pauvre femme, isolée, abandonnée de toutes parts; aidez-moi. Il est temps encore, vous dis-je, je puis vous regarder en face. Tenez! ai-je rougi? ma figure ment-elle? Vous êtes pénétrant, vous, on ne vous tromperait pas si grossièrement. Est-ce que je l'oserais? — Grand dieu ! vous ne me croyez pas ! Oh ! c'est une horrible punition que ce doute !

En parlant ainsi, la malheureuse Valentine, désespérant de vaincre la froideur insultante de cette ame de marbre, tomba sur ses genoux et joignit les mains en les élevant vers le ciel, comme pour le prendre à témoin.

— Vraiment, dit M. de Lansac après un silence féroce, vous êtes très-belle et très-dramatique ! Il faut être cruel pour vous refuser ce que vous demandez si bien. Mais comment voulez-vous que je vous expose à un nouveau parjure? N'avez-vous pas juré à votre amant cette nuit que vous n'appartiendriez jamais à aucun homme?

A cette réponse foudroyante, Valentine se releva indignée, et regardant son mari de toute la hauteur de sa fierté de femme outragée :

— Que croyez-vous donc que je sois venue réclamer ici? lui dit-elle. Vous affectez une étrange erreur, Monsieur, mais vous ne pensez pas que je me sois mise à genoux pour solliciter une place dans votre lit?

M. de Lansac, mortellement blessé de l'aversion hautaine de cette femme tout-à-l'heure si humble, mordit sa lèvre pâle, et fit quelques pas pour se retirer. Valentine s'attacha à lui.

— Ainsi vous me repoussez! lui dit-elle, vous me refusez un asile dans votre maison, et la sauve-garde de votre présence autour de moi! Si vous pouviez m'ôter votre nom, vous le feriez sans doute! Oh! cela est inique, Monsieur. Vous me parliez hier de nos devoirs respectifs, comment remplissez-vous les vôtres? Vous me voyez près de crouler dans un précipice dont j'ai horreur, et quand je vous supplie de me tendre la main, vous m'y poussez du pied. Eh bien! que mes fautes retombent sur vous!...

— Oui, vous dites vrai, Valentine, répondit-il d'un ton goguenard en lui tournant le dos, vos fautes retomberont sur ma tête.

Il sortait, charmé de ce trait d'esprit ; elle le retint encore, et tout ce qu'une femme au désespoir peut inventer d'humble, de touchant et de pathétique, elle sut le trouver en cet instant de crise. Elle fut si éloquente et si vraie, que M. de Lansac, surpris de son esprit, la regarda quelques instans d'un air qui lui fit espérer de l'avoir attendri. Mais il se dégagea doucement en lui disant :

— Tout ceci est parfait, ma chère, mais c'est souverainement ridicule. Vous êtes fort jeune, profitez d'un conseil d'ami : c'est qu'une femme ne doit jamais prendre son mari pour son confesseur, c'est lui demander plus de vertu que sa profession n'en comporte. Pour moi, je vous trouve charmante ; mais ma vie est trop occupée pour que je puisse entreprendre de vous guérir d'une grande passion. Je n'aurais d'ailleurs jamais la fatuité d'espérer ce succès. J'ai assez fait pour vous, ce me semble, en fermant les yeux; vous me les ouvrez de force : alors il faut que je fuie, car ma contenance vis-à-vis de vous n'est pas supportable, et nous ne pourrions nous regarder l'un l'autre sans rire.

— Rire! Monsieur, rire! s'écria-t-elle avec une juste colère.

— Adieu, Valentine! reprit-il, j'ai trop d'expérience, je vous l'avoue, pour me brûler la cervelle pour une infidélité; mais j'ai trop de bon sens pour vouloir servir de chaperon à une jeune tête aussi exaltée que la vôtre. C'est pour cela aussi que je ne désire pas trop vous voir rompre cette liaison qui a pour vous encore toute la beauté romanesque d'un premier amour. Le second serait plus rapide, le troisième.....

— Vous m'insultez! dit Valentine d'un air morne. Mais Dieu me protégera. Adieu,

Monsieur! je vous remercie de cette dure leçon ; je tâcherai d'en profiter.

Ils se saluèrent, et, un quart d'heure après, Bénédict et Valentin, en se promenant sur le bord de la grande route, virent passer la chaise de poste qui emportait le noble comte et l'usurier vers Paris.

XV

Valentine, épouvantée en même temps qu'offensée mortellement des injurieuses prédictions de son mari, alla dans sa chambre dévorer ses larmes et sa honte. Plus que jamais effrayée des conséquences d'un égarement que le monde punissait d'un tel mépris, Valentine, accoutumée à respecter religieusement l'opinion, prit horreur de ses fautes et de ses imprudences. Elle roula mille fois dans son esprit le projet de se soustraire aux dangers de sa situation. Elle chercha au-dehors tous ses moyens de résistance, car elle n'en trouvait plus en elle-même, et la peur de succomber achevait d'énerver ses forces ; elle reprochait amèrement à sa destinée de lui avoir ôté tout secours, toute protection.

— Hélas ! disait-elle, mon mari me repousse, ma mère ne saurait me comprendre, ma sœur n'ose rien ; qui m'arrêtera sur ce versant dont la rapidité m'emporte ?

Élevée pour le monde et selon ses principes, Valentine ne trouvait nulle part en lui l'appui qu'elle avait droit d'en attendre en retour de ses sacrifices. Si elle n'eût possédé l'inestimable trésor de la foi, sans doute elle eût foulé aux pieds dans son désespoir tous les préceptes de sa jeunesse.

Mais sa croyance religieuse soutenait et ralliait toutes ses croyances. On n'en pouvait détruire une sans les détruire toutes.

Elle ne se sentit pas la force ce soir-là de voir Bénédict. Elle ne le fit donc pas avertir du départ de son mari, et se flatta qu'il l'ignorerait. Elle écrivit un mot à Louise, la pria de venir au pavillon à l'heure accoutumée.

Mais à peine étaient-elles ensemble, que mademoiselle Beaujon dépêcha Catherine au *petit-parc* pour avertir Valentine que sa grand'mère, sérieusement incommodée, demandait à la voir.

La vieille marquise avait pris dans la matinée une tasse de chocolat dont la digestion, trop pénible pour ses organes débilités, lui occasionnait une oppression et une fièvre violentes. Le vieux médecin M. Faure trouva sa situation fort dangereuse.

Valentine s'empressait à lui prodiguer ses soins, lorsque la marquise, se redressant tout-à-coup sur son chevet avec une netteté de prononciation et de regard qu'on n'avait pas remarquée en elle depuis long-temps, demanda à être seule avec sa petite-fille. Les personnes présentes se retirèrent aussitôt, excepté la Beaujon, qui ne pouvait supposer que cette mesure s'étendît jusqu'à elle. Mais la vieille marquise, rendue tout-à-coup par une révolution miraculeuse de la fièvre à toute la clarté de son jugement et à toute l'indépendance de sa volonté, lui ordonna impérieusement de sortir.

— Valentine, lui dit-elle quand elles furent seules, j'ai à te demander une grâce. Il y a bien long-temps que je l'implore de la Beaujon, mais elle me trouble l'esprit par ses réponses ; toi, tu me l'accorderas, je parie.

— O ma bonne maman ! s'écria Valentine en se mettant à genoux devant son lit, parlez, ordonnez.

— Eh bien! mon enfant, dit la marquise

en se penchant vers elle et en baissant la voix, je ne voudrais pas mourir sans voir ta sœur.

Valentine se leva avec vivacité et courut à une sonnette.

— Oh! ce sera bientôt fait, lui dit-elle joyeusement, elle n'est pas loin d'ici; qu'elle sera heureuse, chère grand'mère! Ses caresses vous rendront la vie et la santé!

Catherine fut chargée par Valentine d'aller chercher Louise, qui était restée au pavillon.

— Ce n'est pas tout, dit la marquise, je voudrais voir aussi son fils.

Précisément Valentin, envoyé par Bénédict, qui était inquiet de Valentine et n'osait se présenter devant elle sans son ordre, venait d'arriver au petit-parc lorsque Catherine s'y rendit. Au bout de quelques minutes, Louise et son fils furent introduits dans la chambre de leur aïeule.

Louise, abandonnée avec un cruel égoïsme

par cette femme, avait réussi à l'oublier. Mais quand elle la retrouva sur son lit de mort, hâve et décrépite, quand elle revit les traits de celle dont la tendresse indulgente avait veillé bien ou mal sur ses premières années d'innocence et de bonheur, elle sentit se réveiller cet inextinguible sentiment de respect et d'amour qui s'attache aux premières affections de la vie. Elle s'élança dans les bras de sa grand'mère, et ses larmes, dont elle croyait la source tarie pour elle, coulèrent avec effusion sur le sein qui l'avait bercée.

La vieille femme retrouva aussi de vifs élans de sensibilité à la vue de cette Louise jadis si vive et si riche de jeunesse, de passion et de santé, maintenant si pâle, si frêle et si triste. Elle s'exprima avec une ardeur d'affection qui fut en elle comme le dernier éclair de cette tendresse ineffable dont le ciel a doué la femme dans son rôle de mère. Elle demanda pardon de son oubli avec une chaleur qui arracha des sanglots de reconnaissance à ses deux petites-filles; puis elle pressa Valentin dans ses bras étiques, s'extasia sur sa beauté, sur sa grace, sur sa ressemblance avec Valentine. Cette ressemblance, ils la tenaient du comte de Raimbault, le dernier fils de la marquise ; elle retrouvait en eux encore les traits de son époux : comment les liens sacrés de la famille pourraient-ils être effacés et méconnus sur la terre! Quoi de plus puissant sur le cœur humain qu'un type de beauté recueilli comme un héritage par plusieurs générations d'enfans aimés! Quel lien d'affection que celui qui résume le souvenir et l'espérance! Quel empire que celui d'un être dont le regard fait revivre tout un passé d'amour et de regrets, toute une vie que l'on croyait éteinte, et dont on retrouve les émotions palpitantes dans un sourire d'enfant!

Mais bientôt cette émotion sembla s'éteindre chez la marquise, soit qu'elle eût hâté l'épuisement de ses facultés, soit que la légèreté naturelle à son caractère eût besoin de reprendre son cours. Elle fit asseoir Louise sur son lit, Valentine dans le fond de l'alcove, et Valentin à son chevet. Elle leur parla avec esprit et gaieté, surtout avec autant d'aisance que si elle les eût quittés de la veille ; elle interrogea beaucoup Valentin sur ses études, sur ses goûts, sur ses rêves d'avenir.

En vain ses filles lui représentèrent qu'elle se fatiguait par cette longue causerie ; peu à peu elles s'aperçurent que ses idées s'obscurcissaient ; sa mémoire baissa ; l'étonnante présence d'esprit qu'elle avait recouvrée fit place à des souvenirs vagues et flottans, à des perceptions confuses ; ses joues brillantes de fièvre passèrent à des tons violets, sa parole s'embarrassa. Le médecin, que l'on fit rentrer, lui administra un calmant. Il n'en était plus besoin, on la vit s'affaisser et s'éteindre rapidement.

Puis tout-à-coup, se relevant sur son oreiller, elle appela encore Valentine, et fit signe aux autres personnes de se retirer au fond de l'appartement.

— Voici une idée qui me revient, lui dit-elle à voix basse. Je savais bien que j'oubliais quelque chose, et je ne voulais pas mourir sans te l'avoir dit. Je savais bien des secrets que je faisais semblant d'ignorer. Il y en a un que tu ne m'as pas confié, Valentine ; mais je l'ai deviné depuis long-temps. Tu es amoureuse, mon enfant.

Valentine frémit de tout son corps ; dominée par l'exaltation que tous ces événemens accumulés en si peu de jours devaient avoir produite sur son cerveau, elle crut qu'une voix d'en-haut lui parlait par la bouche de son aïeule mourante.

— Oui, c'est vrai, répondit-elle en penchant son visage brûlant sur les mains glacées de la marquise, je suis bien coupable ;

ne me maudissez pas, dites-moi une parole qui me ranime et qui me sauve.

— Ah! ma petite! dit la marquise en essayant de sourire, ce n'est pas facile de sauver une jeune tête comme toi des passions! Bah! à ma dernière heure je puis bien être sincère. Pourquoi ferais-je de l'hypocrisie avec vous autres? En pourrai-je faire dans un instant devant Dieu? Non, va. Il n'est pas possible de se préserver de ce mal tant qu'on est jeune. Aime donc, ma fille; il n'y a que cela de bon dans la vie. Mais reçois le dernier conseil de ta grand'mère et ne l'oublie pas : Ne prends jamais un amant qui ne soit pas de ton rang.

Ici la marquise cessa de pouvoir parler.

Quelques gouttes de la potion lui rendirent encore quelques minutes de vie. Elle adressa un sourire morbide à ceux qui l'environnaient et murmura des lèvres quelques prières. Puis, se tournant vers Valentine :

— Tu diras à ta mère que je la remercie

de ses bons procédés, et que je lui pardonne les mauvais. Pour une femme sans naissance, après tout, elle s'est conduite assez bien envers moi. Je n'attendais pas tant, je l'avoue, de la part de mademoiselle Chignou.

Elle prononça ce mot avec une affectation de mépris. Ce fut le dernier qu'elle fit entendre ; et, selon elle, la plus grande vengeance qu'elle pût tirer des tourmens imposés à sa vieillesse, fut de dénoncer la roture de madame de Raimbault comme son plus grand vice.

La perte de sa grand'mère, quoique sensible au cœur de Valentine, ne pouvait pas être pour elle un malheur bien réel. Néanmoins, dans la disposition d'esprit où elle était, elle la regarda comme un nouveau coup de sa fatale destinée, et se plut à redire, dans l'amertume de ses pensées, que tous ses appuis naturels lui étaient successivement enlevés, et comme à dessein, dans le temps où ils lui étaient le plus nécessaires.

De plus en plus découragée de sa situation, Valentine résolut d'écrire à sa mère pour la supplier de venir à son secours, et de ne point revoir Bénédict jusqu'à ce qu'elle eût consommé ce sacrifice. En conséquence, après avoir rendu les derniers devoirs à la marquise, elle se retira chez elle, s'y enferma, et, déclarant qu'elle était malade et ne voulait voir personne, elle écrivit à la comtesse de Raimbault.

Alors, quoique la dureté de M. de Lansac eût bien dû la dégoûter de verser sa douleur dans un cœur insensible, elle se confessa humblement devant cette femme orgueilleuse qui l'avait fait trembler toute sa vie. Maintenant, Valentine, exaspérée par la souffrance, avait le courage du désespoir pour tout entreprendre. Elle ne raisonnait plus rien : une crainte majeure dominait toute autre crainte. Pour échapper à son amour, elle aurait marché sur la mer. D'ailleurs, au moment où tout lui manquait à la fois, une douleur de plus devenait moins effrayante que dans un temps ordinaire. Elle se sentait une énergie féroce envers elle-même, pourvu qu'elle n'eût pas à combattre Bénédict : les malédictions du monde entier l'épouvantaient moins que l'idée d'affronter la douleur de son amant.

Elle avoua donc à sa mère qu'elle aimait *un autre homme que son mari.* Ce furent là tous les renseignemens qu'elle donna sur Bénédict, mais elle peignit avec chaleur l'état de son ame et le besoin qu'elle avait d'un appui. Elle la supplia de la rappeler auprès d'elle, car telle était la soumission absolue qu'exigeait la comtesse, que Valentine n'eût pas osé la rejoindre sans son aveu.

A défaut de tendresse, madame de Raimbault eût peut-être accueilli avec vanité la confidence de sa fille; elle eût peut-être fait droit à sa demande, si le même courrier ne lui eût apporté une lettre datée du château de Raimbault, qu'elle lut la première : c'était une dénonciation en règle de mademoiselle Beaujon.

Cette fille, suffoquée de jalousie en voyant la marquise entourée d'une nouvelle famille à ses derniers momens, avait été furieuse surtout du don de quelques bijoux antiques offerts à Louise par sa grand'mère, comme gage de souvenir. Elle se regarda comme frustrée par ce legs, et n'ayant aucun droit pour s'en plaindre, elle résolut au moins de s'en venger. Elle écrivit donc sur-le-champ à la comtesse, sous prétexte de l'informer de la mort de sa belle-mère, et elle profita de l'occasion pour révéler l'intimité de Louise et de Valentine, l'installation *scandaleuse* de Valentin dans le voisinage, son éducation faite à demi par madame de Lansac, et tout ce qu'il lui plut d'appeler les *mystères du pavillon ;* car elle ne s'en tint pas à dévoiler l'amitié des deux sœurs, elle noircit les relations qu'elles avaient avec le neveu du fermier, le *paysan Benoît Lhéry;* elle présenta Louise comme une intrigante qui favorisait odieusement l'union coupable de ce rustre avec sa sœur; elle ajouta qu'il était bien tard sans doute pour remédier à tout cela, car *le commerce* durait depuis quinze grands mois. Elle finit en déclarant que M. de Lansac avait sans doute fait à cet égard de fâcheuses découvertes, car il était parti au bout de trois jours sans avoir aucune relation avec sa femme.

Après avoir donné ce soulagement à sa haine, la Beaujon quitta Raimbault, riche des libéralités de la famille, et vengée des bontés que Valentine avait eues pour elle.

Ces deux lettres mirent la comtesse dans une fureur épouvantable. Elle eût ajouté moins de foi à celle de la duègne, si les aveux de sa fille, arrivés en même temps, ne lui en eussent semblé la confirmation. Alors tout le mérite de cette confession naïve fut perdu pour Valentine. Madame de Raimbault ne vit plus en elle qu'une malheureuse dont l'honneur était entaché sans retour, et qui, menacée de la vengeance de son mari, venait implorer l'appui nécessaire de sa mère. Cette opinion ne fut que trop confirmée par les bruits de la province qui arrivaient chaque jour à ses oreilles. Le bonheur pur de deux amans n'a jamais pu s'abriter dans la paix obscure des champs, sans exciter la jalousie et la haine de tout ce qui végète sottement au sein des petites villes. Le bonheur d'autrui est un spectacle qui dessèche et dévore le provincial ; la seule chose qui lui fasse supporter sa vie étroite et misérable, c'est le plaisir d'arracher tout amour et toute poésie de la vie de son voisin.

Et puis madame de Raimbault, qui avait été déjà frappée du retour subit de M. de Lansac à Paris, le vit, l'interrogea, ne put obtenir aucune réponse, mais put fort bien comprendre, à l'habileté de son silence et à la dignité de sa contenance évasive, que tout lien d'affection et de confiance était rompu entre sa femme et lui.

Alors elle fit à Valentine une réponse foudroyante, lui conseilla de chercher désormais son refuge dans la protection de cette sœur tarée comme elle, lui déclara qu'elle l'abandonnait à l'opprobre de son sort, et finit en lui donnant presque sa malédiction.

Il est vrai de dire que madame de Raimbault fut navrée de voir la vie de sa fille gâtée à tout jamais; mais il entra encore plus d'orgueil blessé que de tendresse maternelle dans sa douleur. Ce qui le prouve, c'est que le courroux l'emporta sur la pitié, et qu'elle partit pour l'Angleterre, afin, prétendit-elle, de s'étourdir sur ses chagrins, mais, en effet, pour se livrer à la dissipation, sans être exposée à rencontrer des gens informés de ses malheurs domestiques, et disposés à critiquer sa conduite en cette occasion.

Tel fut le résultat de la dernière tentative de l'infortunée Valentine. La réponse de sa mère jeta une telle douleur dans son ame, qu'elle absorba toutes les autres pensées. Elle se mit à genoux dans son oratoire, et répandit son affliction en longs sanglots. Puis, au milieu de cette amertume affreuse, elle sentit ce besoin de confiance et d'espoir qui soutient les ames religieuses ; elle sentit surtout ce besoin d'affection qui dévore la jeunesse. Haïe, méconnue, repoussée de partout, il lui restait encore un asile : c'était le cœur de Bénédict. Était-il donc si coupable, cet amour tant calomnié ! Dans quel crime l'avait-il donc entraînée !

— Mon Dieu ! s'écria-t-elle avec ardeur, toi qui seul vois la pureté de mes désirs, toi qui seul connais l'innocence de ma conduite, ne me protègeras-tu pas ? te retireras-tu aussi de moi ? La justice que les hommes me refusent, n'est-ce pas en toi que je la trouverai ? Cet amour est-il donc si coupable ?

Comme elle se penchait sur son prie-dieu, elle aperçut un objet qu'elle y avait déposé comme l'*ex-voto* d'une superstition amoureuse. C'était ce mouchoir teint de sang que Catherine avait rapporté de la maison du ravin, le jour du suicide de Bénédict, et que Valentine lui avait réclamé ensuite en apprenant cette circonstance. En ce moment, la vue du sang répandu pour elle fut comme une victorieuse protestation d'amour et de dévouement, en réponse aux affronts qu'elle recevait de toutes parts. Elle saisit le mouchoir, le pressa contre ses lèvres, et, plongée dans une mer de tourmens et de délices, elle resta long-temps immobile et recueillie, ouvrant son cœur à la confiance, et sentant revenir cette vie ardente qui débordait son être quelques jours auparavant.

XVI

BÉNÉDICT était bien malheureux depuis huit jours. Cette feinte maladie, dont Louise ne savait lui donner aucun détail, le jetait dans de vives inquiétudes. Tel est l'égoïsme de l'amour, qu'il aimait encore mieux croire au mal de Valentine que de la soupçonner de vouloir le fuir. Ce soir-là, poussé par un vague espoir, il rôda long-temps autour du parc; enfin, maître d'une clef particulière que l'on confiait d'ordinaire à Valentin, il se décida à pénétrer jusqu'au pavillon. Tout était silencieux et désert dans ce lieu naguère si plein de joie, de confiance et d'affection. Son cœur se serra; il en sortit, et se hasarda à entrer dans le jardin du château. Depuis la mort de la vieille marquise, Valentine avait supprimé plusieurs domestiques. Le château était donc peu habité. Bédict en approcha sans rencontrer personne.

L'oratoire de Valentine était situé dans une tourelle vers la partie la plus solitaire du bâtiment. Un petit escalier en vis, reste des anciennes constructions sur lesquelles le nouveau manoir avait été bâti, descendait de sa chambre à l'oratoire, et de l'oratoire au jardin. La fenêtre, cintrée et surmontée d'ornemens dans le goût italien de la renaissance, s'élevait au-dessus d'un massif d'arbres dont la cime s'empourprait alors des reflets du couchant. La chaleur du jour avait été extrême; des éclairs silencieux glissaient faiblement sur l'horizon violet; l'air était rare et comme chargé d'électricité : c'était un de ces soirs d'été où l'on respire avec peine, où l'on sent en soi une excitation nerveuse extraordinaire, où l'on souffre d'un mal sans nom qu'on voudrait pouvoir soulager par des larmes.

Parvenu au pied du massif en face de la tour, Bénédict jeta un regard inquiet sur la fenêtre de l'oratoire. Le soleil embrasait ses vitraux coloriés. Bénédict chercha longtemps à saisir quelque chose derrière ce miroir ardent, lorsqu'une main de femme l'ouvrit tout-à-coup, et une forme fugitive se montra et disparut.

Bénédict monta sur un vieux if, et, caché par ses rameaux noirs et pendans, il s'éleva assez pour que sa vue pût plonger dans l'intérieur. Alors il vit distinctement Valentine à genoux, avec ses longs cheveux blonds à demi détachés, qui tombaient négligemment sur son épaule, et que le soleil dorait de ses derniers feux. Ses joues étaient animées, son attitude avait un abandon plein de grace et de candeur. Elle pressait sur sa poitrine et baisait avec amour ce mouchoir sanglant que Bénédict avait cherché avec tant d'anxiété après son suicide, et qu'il reconnut aussitôt entre ses mains.

Alors Bénédict, promenant ses regards craintifs sur le jardin désert, et n'ayant qu'un mouvement à faire pour atteindre à cette fenêtre, ne put résister à la tentation. Il s'attacha à la balustrade sculptée, et, abandonnant la dernière branche qui le soutenait encore, il s'élança au péril de sa vie.

En voyant une ombre se dessiner dans l'air éblouissant de la croisée, Valentine jeta un cri ; mais, en le reconnaissant, sa terreur changea de nature.

— O ciel! lui dit-elle, oserez-vous donc me poursuivre jusqu'ici?

— Me chassez-vous? répondit Bénédict. Voyez! vingt pieds seulement me séparent du sol. Ordonnez-moi de lâcher cette balustrade, et j'obéis.

— Grand Dieu! s'écria Valentine épouvantée de la situation où elle le voyait, entrez, entrez! Vous me faites mourir de frayeur.

Il s'élança dans l'oratoire, et Valentine, qui s'était attachée à son vêtement dans la crainte de le voir tomber, le pressa dans ses bras par un mouvement de joie involontaire en le voyant sauvé.

En cet instant, tout fut oublié, et les résistances que Valentine avait tant méditées, et les reproches que Bénédict s'était promis de lui faire. Ces huit jours de séparation, dans de si tristes circonstances, avaient été pour eux comme un siècle. Le jeune homme s'abandonnait à une joie folle en pressant contre son cœur Valentine, qu'il avait craint de trouver mourante, et qu'il voyait plus belle, plus vivace, plus aimante que jamais.

Enfin la mémoire de ce qu'il avait souffert loin d'elle lui revint ; il l'accusa d'avoir été menteuse et cruelle.

— Écoutez, lui dit Valentine avec feu en le conduisant devant sa Madone, j'avais fait serment de ne jamais vous revoir, parce que je m'étais imaginée que je ne pourrais le faire sans crime. Maintenant jurez-moi que vous m'aiderez à respecter mes devoirs; jurez-le devant Dieu, devant cette image, emblème de pureté ; rassurez-moi, rendez-moi la confiance que j'avais en vous et que j'ai perdue. Bénédict, votre ame est sincère, vous ne voudriez pas commettre un sacrilége dans votre cœur ; dites, vous sentez-vous plus fort que je ne le suis?

Bénédict pâlit et recula avec épouvante. Il avait dans l'esprit une droiture vraiment chevaleresque, et préférait le malheur de perdre Valentine au crime de la tromper.

— Mais c'est un vœu que vous me demandez, Valentine! s'écria-t-il. Pensez-vous que j'aie l'héroïsme de le prononcer et de le tenir, sans y être préparé?

— Eh quoi! ne l'êtes-vous pas depuis quinze mois? lui dit-elle. Ces promesses solennelles que vous me fîtes un soir en face de ma sœur, et que jusqu'ici vous aviez si loyalement observées...

— Oui, Valentine, j'ai eu cette force, et j'aurai peut-être celle de renouveler mon vœu. Mais ne me demandez rien aujourd'hui, je suis trop agité; mes sermens n'auraient nulle valeur. Tout ce qui s'est passé a chassé le calme que vous aviez fait rentrer dans mon sein. Et puis, Valentine! femme imprudente! vous me dites que vous tremblez! Pourquoi me dites-vous cela? Je n'aurais pas eu l'audace de le penser. Vous étiez forte quand je vous croyais forte.

Pourquoi me demander, à moi, l'énergie que vous n'avez pas? Où la trouverai-je maintenant? Adieu, je vais me préparer à vous obéir. Mais jurez-moi que vous ne me fuirez plus. Car vous voyez l'effet de cette conduite sur moi, elle me tue ; elle détruit tout l'effet de ma vertu passée.

— Eh bien! Bénédict, je vous le jure, car il m'est impossible de ne pas me fier à vous quand je vous vois et quand je vous entends. Adieu. Demain nous nous reverrons tous au pavillon.

Elle lui tendit la main. Bénédict hésita à la toucher. Un tremblement convulsif l'agitait. A peine l'eut-il effleurée, qu'une sorte de rage s'empara de lui. Il étreignit Valentine dans ses bras, puis il voulut la repousser. Alors l'effroyable violence qu'il imposait à sa nature ardente depuis si long-temps ayant épuisé toutes ses forces, il se tordit les mains avec fureur et tomba presque mourant sur les marches du prie-dieu.

— Prends pitié de moi, dit-il avec angoisse, toi qui as créé Valentine ; rappelle mon ame à toi, éteins ce souffle dévorant qui ronge ma poitrine et torture ma vie ; fais-moi la grâce de mourir.

Il était si pâle, tant de souffrance se peignait dans ses yeux éteints, que Valentine le crut réellement sur le point de succomber. Elle se jeta à genoux près de lui, le pressa sur son cœur avec délire, le couvrit de caresses et de pleurs, et tomba épuisée elle-même dans ses bras avec des cris étouffés, en le voyant défaillir et rejeter en arrière sa tête froide et mourante.

Enfin elle le rappela à lui-même ; mais il était si faible, si accablé, qu'elle ne voulut point le renvoyer ainsi. Retrouvant toute son énergie avec la nécessité de le secourir, elle le soutint et le traîna jusqu'à sa chambre, où elle lui prépara du thé.

En ce moment, la bonne et douce Valentine redevint l'officieuse et active ménagère dont la vie était toute consacrée à être utile aux autres. Ses terreurs de femme et d'amante se calmèrent pour faire place aux sollicitudes de l'amitié. Elle oublia en quel lieu elle amenait Bénédict, et ce qui devait se passer dans son ame, pour ne songer qu'à secourir ses sens. L'imprudente ne fit point attention aux regards sombres et farouches qu'il jetait sur cette chambre où il n'était entré qu'une fois, sur ce lit où il l'avait vue dormir toute une nuit, sur tous ces meubles qui lui rappelaient la plus orageuse crise et la plus solennelle émotion de sa vie. Assis sur un fauteuil, les sourcils froncés, les bras pendans, il la regardait machinalement errer autour de lui, sans imaginer à quoi elle s'occupait.

Quand elle lui apporta le breuvage calmant qu'elle venait de lui préparer, il se leva brusquement et la regarda d'un air si étrange et si égaré, qu'elle laissa échapper la tasse et recula avec effroi.

Bénédict jeta ses bras autour d'elle et l'empêcha de fuir.

— Laissez-moi, s'écria-t-elle, le thé m'a horriblement brûlée.

En effet elle s'éloigna en boitant. Il se jeta à genoux et baisa son petit pied légèrement rougi au travers de son bas transparent, et puis il faillit mourir encore, et Valentine, vaincue par la pitié, par l'amour, par la peur surtout, ne s'arracha plus de ses bras quand il revint à la vie....

C'était un moment fatal qui devait arriver tôt ou tard. Il y a bien de la témérité à espérer vaincre une passion, quand on se voit tous les jours et qu'on a vingt ans.

Durant les premiers jours, Valentine, emportée au-delà de toutes ses sensations habituelles, ne songea point au repentir; mais ce moment vint, et il fut terrible.

Alors Bénédict regretta amèrement un bonheur qu'il fallait payer si cher. Sa faute reçut le plus rude châtiment qui pût lui être infligé : il vit Valentine pleurer et dépérir de chagrin.

Trop vertueux l'un et l'autre pour s'endormir dans des joies qu'ils avaient réprouvées et repoussées si long-temps, leur existence devint cruelle. Valentine n'était point faite pour la corruption. Bénédict aimait trop passionnément pour sentir un bonheur que ne partageait plus Valentine. Tous deux étaient trop faibles, trop livrés à eux-mêmes, trop dominés par les impétueuses sensations de la jeunesse, pour s'arracher à ces joies pleines de remords. Ils se quittaient avec désespoir ; ils se retrouvaient avec enthousiasme. Leur vie était un combat perpétuel, un orage toujours renaissant, une volupté sans bornes et un enfer sans issue.

Bénédict accusait Valentine de l'aimer peu, de ne pas savoir le préférer à son honneur, à l'estime d'elle-même, de n'être capable d'aucun sacrifice complet ; et quand ces reproches avaient amené une nouvelle faiblesse de Valentine, quand il la voyait pleurer avec désespoir et succomber sous de pâles terreurs, il haïssait le bonheur qu'il venait de goûter ; il eût voulu au prix de son sang en laver le souvenir. Il lui offrait alors de la fuir, il lui jurait de supporter la vie et l'exil ; mais elle n'avait plus la force de l'éloigner.

— Ainsi je resterais seule et abandonnée à ma douleur! lui disait-elle; non, ne me laissez pas ainsi, j'en mourrais ; je ne puis plus vivre qu'en m'étourdissant. Dès que je rentre en moi-même, je sens que je suis perdue, ma raison s'égare, et je serais capable de couronner mes crimes par le suicide. Votre présence du moins me donne la force de vivre dans l'oubli de mes devoirs. Attendons encore, espérons, prions Dieu; seule je ne puis plus prier, mais près de vous l'espoir me revient. Je me flatte de trouver un jour assez de vertu en moi pour vous aimer sans crime. Peut-être m'en donnerez-vous le premier, car enfin vous êtes plus fort que moi, c'est moi qui vous repousse et qui vous rappelle toujours.

Et puis, venaient ces momens de passion impétueuse où l'enfer avec ses terreurs, faisait sourire Valentine. Elle n'était pas incrédule alors, elle était fanatique d'impiété.

—Eh bien! disait-elle, bravons tout; qu'importe que je perde mon ame? Soyons heureux sur la terre; le bonheur d'être à toi sera-t-il trop payé par une éternité de tourmens? Je voudrais avoir quelque chose de plus à te sacrifier; dis, ne sais-tu pas un prix qui puisse m'acquitter envers toi?

— Oh! si tu étais toujours ainsi! s'écriait Bénédict.

Ainsi Valentine, de calme et réservée qu'elle était naturellement, était devenue passionnée jusqu'au délire par suite d'un impitoyable concours de malheurs et de séductions qui avait développé en elle de nouvelles facultés pour combattre et pour aimer. Plus sa résistance avait été longue et raisonnée, plus sa chute était violente. Plus elle avait amassé de forces pour repousser la passion, plus la passion trouvait en elle les alimens de sa force et de sa durée.

Un événement que Valentine avait pour ainsi dire oublié de prévoir, vint faire diversion à ces orages. Un matin, M. Grapp se présenta muni de pièces, en vertu desquelles le château et la terre de Raimbault lui appartenaient, sauf une valeur de vingt mille francs environ, qui constituait à l'avenir toute la fortune de madame de Lansac. Les terres furent immédiatement mises en vente, au plus offrant, et Valentine fut sommée de sortir, sous vingt-quatre heures, des propriétés de M. Grapp.

Ce fut un coup de foudre pour ceux qui l'aimaient : jamais fléau céleste ne causa dans le pays une semblable consternation. Mais Valentine ressentit moins son malheur qu'elle ne l'eût fait dans une autre situation. Elle pensa, dans le secret de son cœur, que M. de Lansac étant assez vil pour se faire payer son déshonneur au poids de l'or, elle était pour ainsi dire quitte envers lui. Elle ne regretta que le pavillon, asile d'un bonheur pour jamais évanoui; et après en avoir retiré le peu de meubles qu'il lui fut permis d'emporter, elle accepta provisoirement un refuge à la ferme de Grangeneuve, que les Lhéry, en vertu d'un arrangement avec Grapp, étaient eux-mêmes sur le point de quitter.

XVII

Au milieu de l'agitation que lui causa ce bouleversement de sa destinée, elle passa quelques jours sans voir Bénédict. Le courage avec lequel elle supporta l'épreuve de sa ruine, raffermit un peu son ame, et elle trouva en elle assez de calme pour tenter d'autres efforts.

Elle écrivit à Bénédict :

« Je vous supplie de ne point chercher à me voir durant cette quinzaine, que je vais passer dans la famille Lhéry. Comme vous n'êtes point entré à la ferme depuis le mariage d'Athénaïs, vous n'y sauriez reparaître maintenant sans afficher nos relations. Quelque invité que vous puissiez l'être par madame Lhéry, qui regrette toujours votre désunion apparente, refusez, si vous ne voulez m'affliger beaucoup. Adieu ; je ne sais point ce que je deviendrai, j'ai quinze jours pour m'en occuper. Quand j'aurai décidé de mon avenir, je vous le ferai savoir, et vous m'aiderez à le supporter, quel qu'il soit. V. »

Ce billet jeta une profonde terreur dans l'esprit de Bénédict. Il crut y voir cette décision tant redoutée qu'il avait fait si souvent révoquer à Valentine, mais qui, à la suite de tant de chagrins, devenait peut-être inévitable. Abattu, brisé sous le poids d'une vie si orageuse et d'un avenir si sombre, il se laissa aller au découragement. Il n'avait même plus l'espoir du suicide pour le soutenir. Sa conscience avait contracté des engagemens envers le fils de Louise, et puis d'ailleurs Valentine était trop malheureuse pour qu'il voulût ajouter ce coup terrible à tous ceux dont le sort l'avait frappée. Désormais qu'elle était ruinée, abandonnée, navrée de chagrins et de remords, son devoir à lui était de vivre pour s'efforcer de lui être utile et de veiller sur elle en dépit d'elle-même.

Louise avait enfin vaincu cette folle passion qui l'avait si long-temps torturée. La nature de ses liens avec Bénédict, consolidée et purifiée par la présence de son fils, était devenue calme et sainte. Son caractère violent s'était adouci à la suite de cette grande victoire intérieure. Il est vrai qu'elle

ignorait complètement le malheur qu'avait
eu Bénédict d'être trop heureux avec Valentine. Elle s'efforçait de consoler celle-ci de
ses pertes, sans savoir qu'elle en avait fait
une irréparable, celle de sa propre estime.
Elle passait donc tous ses instans auprès
d'elle, et ne comprenait pas quelles nouvelles anxiétés pesaient sur Bénédict.

La jeune et vive Athénaïs avait personnellement souffert de ces derniers événemens ; d'abord parce qu'elle aimait sincèrement Valentine, et puis parce que le pavillon fermé, les douces réunions du soir
interrompues, le petit parc abandonné pour
jamais, gonflaient son cœur d'une amertume
indéfinissable. Elle s'étonnait elle-même de
n'y pouvoir songer sans soupirer. Elle s'effrayait de la longueur de ses jours et de l'ennui de ses soirées.

Évidemment il manquait à sa vie quelque
chose d'important, et Athénaïs, qui touchait
à peine à sa dix-huitième année, s'interro-

geait naïvement à cet égard sans oser se répondre. Mais, dans tous ses rêves, la blonde et noble tête du jeune Valentin se montrait parmi des buissons chargés de fleurs. Sur l'herbe des prairies, elle croyait courir poursuivie par lui; elle le voyait grand, élancé, souple comme un chamois, franchir les haies pour l'atteindre; elle folâtrait avec lui, elle partageait ses rires si francs et si jeunes; puis elle rougissait elle-même en voyant la rougeur monter sur ce front candide, en sentant cette main frêle et blanche brûler en touchant la sienne, en surprenant un soupir et un regard mélancolique à cet enfant dont elle ne voulait pas se méfier. Toutes les agitations timides d'un amour naissant, elle les ressentait à son insu. Et quand elle s'éveillait, quand elle trouvait à son côté ce Pierre Blutty, ce paysan si rude, si brutal en amour, si dépourvu d'élégance et de charme, elle sentait son cœur se serrer et des larmes venir au bord de ses paupières. Athénaïs avait toujours aimé l'aristocratie. Un langage élevé, lors même qu'il était au-dessus de sa portée et de son intelligence, lui semblait la plus puissante des séductions. Lorsque Bénédict parlait d'arts ou de sciences, elle l'écoutait avec admiration, parce qu'elle ne le comprenait pas. C'était par sa supériorité en ce genre, qu'il l'avait long-temps dominée. Depuis qu'elle avait pris son parti avec lui, le jeune Valentin, avec sa douceur, sa retenue, la majesté féodale de son beau profil, son aptitude aux connaissances abstraites, était devenu pour elle un type de grace et de perfection. Elle avait long-temps exprimé tout haut sa prédilection pour lui. Mais elle commençait à ne plus oser; car Valentin grandissait d'une façon effrayante, son regard devenait pénétrant comme le feu, et la jeune fermière sentait le sang lui monter au visage chaque fois qu'elle prononçait son nom.

Le pavillon abandonné était donc un sujet involontaire d'aspirations et de regrets. Valentin venait bien quelquefois embrasser sa mère et sa tante ; mais la maison du ravin était assez éloignée de la ferme pour qu'il ne pût faire souvent cette course sans se déranger beaucoup de ses études, et la première semaine parut mortellement longue à madame Blutty.

L'avenir devenait incertain. Louise parlait de retourner à Paris avec son fils et Valentine. D'autres fois, les deux sœurs faisaient le projet d'acheter une petite maison de paysan et d'y vivre solitaires. Blutty, qui était toujours jaloux de Bénédict, quoiqu'il n'en eût guère sujet, parlait d'emmener sa femme en Marche où il avait des propriétés. De toutes les manières, il faudrait s'éloigner de Valentin ; Athénaïs ne pouvait plus y penser sans des regrets qui portaient une vive lumière dans les secrets de son cœur.

Un jour elle se laissa entraîner par le plaisir de la promenade jusqu'à un pré fort éloigné, qu'en bonne fermière elle voulait parcourir. Ce pré touchait au bois de Vavrey, et le ravin n'était pas loin sur la lisière du bois. Or, il arriva que Bénédict et Valentin se promenaient non loin de là; que le jeune homme aperçut, sur le vert foncé de la prairie, la taille alerte et bien prise de madame Blutty, et qu'il franchit la haie sans consulter son mentor pour aller la rejoindre. Bénédict se rapprocha d'eux, et ils causèrent quelque temps ensemble.

Alors Athénaïs, qui avait pour son cousin un reste de ce vif intérêt qui rend l'amitié d'une femme pour un homme si complaisante et si douce, s'aperçut des ravages que depuis quelques jours surtout le chagrin avait faits en lui. L'altération de ses traits l'effraya, et, passant doucement son bras sous le sien, elle le pria avec instance de lui dire franchement la cause de sa tristesse et l'état de sa santé. Comme elle s'en doutait un peu, elle eut la délicatesse de renvoyer

Valentin à quelque distance en le chargeant de lui rapporter son ombrelle oubliée sous un arbre.

Il y avait si long-temps que Bénédict se contraignait pour cacher sa souffrance à tous les yeux, que l'affection de sa cousine lui fut douce. Il ne put résister au besoin de s'épancher, lui parla de son attachement pour Valentine, de l'inquiétude où il vivait séparé d'elle, et finit par lui avouer qu'il était réduit au désespoir par la crainte de la perdre à jamais.

Athénaïs, dans sa candeur, ne voulut pas voir, dans cette passion qu'elle connaissait depuis long-temps, le côté délicat qui eût fait reculer une personne plus prudente. Dans la sincérité de son ame, elle ne croyait pas Valentine capable d'oublier ses principes, et jugeait cet amour aussi pur que celui qu'elle éprouvait pour Valentin. Elle s'abandonna donc à l'élan de la sympathie, et promit qu'elle solliciterait de Valentine une décision moins rigide que celle qu'elle méditait.

— Je ne sais si je réussirai, lui dit-elle avec cette franchise expansive qui la rendait aimable en dépit de ses travers, mais je vous jure que je travaillerai à votre bonheur comme au mien propre. Puissé-je vous prouver que je n'ai jamais cessé d'être votre amie !

Bénédict, touché de cet élan d'amitié généreuse, lui baisa la main avec reconnaissance. Valentin, qui revenait en ce moment avec l'ombrelle, vit ce mouvement et devint tour à tour si rouge et si pâle, qu'Athénaïs s'en aperçut et perdit elle-même contenance ; mais, tâchant de se donner un air solennel et important :

— Il faudra nous revoir, dit-elle à Bénédict, pour nous entendre sur cette grande affaire. Comme je suis étourdie et maladroite, j'aurai besoin de votre direction. Je viendrai donc demain me promener par ici, et vous dire ce que j'aurai obtenu. Nous aviserons au moyen d'obtenir davantage. A demain !

Et elle s'éloigna légèrement avec un signe de tête amical à son cousin ; mais ce n'est pas lui qu'elle regarda en prononçant son dernier mot.

Le lendemain, en effet, ils eurent une nouvelle conférence. Tandis que Valentin errait en avant sur le sentier du bois, Athénaïs raconta à son cousin le peu de succès de ses tentatives. Elle avait trouvé Valentine impénétrable. Cependant elle ne se décourageait pas, et durant toute une semaine elle travailla de tout son pouvoir à rapprocher ces deux amans.

La négociation ne marcha pas très vite. Peut-être la jeune plénipotentiaire n'était-elle pas fâchée de multiplier les conférences dans la prairie. Dans les intervalles de ses conférences avec Bénédict, Valentin se rapprochait et se consolait d'être exclus du secret, en obtenant un sourire et un regard qui valaient plus que mille paroles. Et puis, quand les deux cousins s'étaient tout dit, Valentin courait après les papillons avec Athénaïs, et, tout en folâtrant, il réussissait à toucher sa main, à effleurer ses cheveux, à lui ravir quelque ruban ou quelque fleur. A dix-sept ans on en est encore à la poésie de Dorat.

Bénédict, lors même que sa cousine ne lui rapportait aucune bonne nouvelle, était heureux d'entendre parler de Valentine. Il l'interrogeait sur les moindres actes de sa vie, il se faisait redire mot pour mot ses entretiens avec Athénaïs. Enfin il s'abandonnait à la douceur d'être encouragé et consolé, sans se douter des funestes conséquences que devaient avoir ces relations si pures avec sa cousine.

Pendant ce temps, Pierre Blutty était allé en Marche, pour donner un coup d'œil à ses affaires particulières. A la fin de la semaine, il revint par un village où se tenait une foire, et où il s'arrêta pour vingt-quatre heures. Il y rencontra son ami Simonneau.

Un malheureux hasard avait voulu que Simonneau se fût enamouré depuis peu d'une grosse gardeuse d'oies, dont la chaumière était située dans un chemin creux, à trois pas de la prairie. Il s'y rendait chaque jour, et de la lucarne d'un grenier à foin, qui servait de temple à ses amours rustiques, il voyait passer et repasser, dans le sentier, Athénaïs, appuyée sur le bras de Bénédict. Il ne manqua pas d'incriminer ces rendez-vous. Il se rappelait l'ancien amour de mademoiselle Lhéry pour son cousin. Il savait la jalousie de Pierre Blutty, et il n'imaginait pas qu'une femme pût venir trouver un homme, causer confidentiellement avec lui, sans y porter des sentimens et des intentions contraires à la fidélité conjugale.

Dans son gros bon sens, il se promit d'avertir Pierre Blutty, et il n'y manqua pas.

Le fermier entra dans une fureur épouvantable, et voulut partir sur-le-champ pour assommer son rival et sa femme. Simonneau le calma un peu, en lui faisant observer que le mal n'était peut-être pas aussi grand qu'il pouvait le devenir.

— Foi de Simonneau, lui dit-il, j'ai presque toujours vu *le garçon à mademoiselle Louise* avec eux, mais à environ trente pas; il pouvait les voir : aussi, je pense bien qu'ils ne pouvaient pas faire grand mal, mais ils pouvaient en dire, car lorsqu'il s'approchait d'eux, ils avaient soin de le renvoyer. Ta femme lui tapait doucement sur la joue et le faisait courir bien loin, afin de causer à son aise apparemment.

— Voyez-vous, l'effrontée! disait Pierre en se mordant les poings. Ah! je devais bien m'en douter que cela finirait ainsi. Ce freluquet-là! il en conte à toutes les femmes. Il a fait la cour à mademoiselle Louise en même temps qu'à la mienne, avant son mariage.

Depuis, il est au *su* de tout le monde qu'il a osé courtiser madame de Lansac. Mais celle-là est une femme honnête et respectable, qui a refusé de le voir, et qui a déclaré qu'il ne mettrait jamais les pieds à la ferme tant qu'elle y serait. Je le sais bien, peut-être! j'ai entendu qu'elle le disait à sa sœur, le jour où elle est venue loger chez nous. Maintenant, faute de mieux, ce monsieur veut bien revenir à ma femme! Qu'est-ce qui me répondra d'ailleurs qu'ils ne s'entendent pas depuis long-temps? Pourquoi était-elle si entichée, ces derniers mois, d'aller au château, tous les soirs, contre mon gré? C'est qu'elle le voyait là. Et il y a un diable de parc où ils se promenaient tous deux tant qu'ils voulaient. Vingt mille tonnerres! je m'en vengerai! A présent qu'on a fermé le parc, ils se donnent rendez-vous dans le bois, c'est tout clair! Sais-je ce qui se passe, la nuit? Mais triple diable! me voici, nous verrons si cette fois Satan défendra sa peau. Je leur ferai voir qu'on n'insulte pas impunément Pierre Blutty.

— S'il te faut un camarade, tu sais que je suis là, répondit Simonneau.

Les deux amis se pressèrent la main et prirent ensemble le chemin de la ferme.

Cependant Athénaïs avait si bien plaidé pour Bénédict, elle avait, avec tant de candeur et de zèle, défendu la cause de l'amour, elle avait surtout si bien peint sa tristesse, l'altération de sa santé, sa pâleur, ses anxiétés, elle l'avait montré si soumis, si timide, que la faible Valentine s'était laissée fléchir. En secret même, elle avait été bien aise de voir solliciter son rappel, car à elle aussi les journées semblaient bien longues et sa résolution bien cruelle.

Bientôt il n'avait plus été question que de la difficulté de se voir.

— Je suis forcée, avait dit Valentine, de me cacher de cet amour comme d'un crime. Un ennemi que j'ignore, et qui sans doute me surveille de bien près, a réussi à me brouiller avec ma mère ; maintenant je sollicite mon pardon, car quel autre appui me reste ! Mais si je me compromets par quelque nouvelle imprudence, elle le saura et il ne me faudra plus espérer de la fléchir. Je ne puis donc pas aller avec toi à la prairie.

— Non, sans doute, dit Athénaïs, mais il peut venir ici.

— Y songes-tu ? reprit Valentine. Outre que ton mari s'est prononcé souvent à cet égard d'une manière hostile, et que la présence de Bénédict à la ferme pourrait faire naître des querelles dans ta famille et dans ton ménage, rien ne serait plus manifeste pour me compromettre que cette démarche, après deux ans écoulés sans reparaître ici. Son retour serait remarqué et commenté comme un événement, et nul ne pourrait douter que j'en fusse la cause.

— Tout cela est fort bien, dit Athénaïs,

mais qui l'empêche de venir ici à la brune, sans être observé? Nous voici en automne, les jours sont courts, à huit heures il fait nuit noire; à neuf heures, tout le monde ici est couché; mon mari, qui est un peu moins dormeur que les autres, est absent. Quand Bénédict serait, je suppose, à la porte du verger sur les neuf heures et demie? Quand j'irais la lui ouvrir? quand vous causeriez dans la salle basse une heure ou deux? Quand il retournerait chez lui vers onze heures, au lever de la lune? Eh bien! qu'y aurait-il de si difficile et de si dangereux?

Valentine fit bien des objections. Athénaïs insista, supplia, pleura même, déclara que ce refus causerait la mort de Bénédict. Elle finit par l'emporter. Le lendemain elle courut triomphante à la prairie, et y porta cette bonne nouvelle.

Le soir même, Bénédict, muni des instructions de sa protectrice, et connaissant parfaitement les lieux, fut introduit auprès de Valentine, et passa deux heures avec elle; il réussit, dans cette entrevue, à reconquérir tout son empire. Il la rassura sur l'avenir, lui jura de renoncer à tout bonheur qui lui coûterait un regret, pleura d'amour et de joie à ses pieds, et la quitta, heureux de la voir plus calme et plus confiante, après avoir obtenu un second rendez-vous pour le lendemain.

Mais le lendemain Pierre Blutty et Georges Simonneau arrivèrent à la ferme. Blutty dissimula assez bien sa fureur et observa sa femme attentivement. Elle n'alla point à la prairie, il n'en était plus besoin, et d'ailleurs elle craignait d'être suivie.

Blutty prit des renseignemens autour de lui avec autant d'adresse qu'il en fut capable, et il est vrai de dire que les paysans n'en manquent point, lorsqu'une des cordes épaisses de leur sensibilité est enfin mise en jeu. Tout en affectant un air d'indifférence assez bien joué, il eut tout le jour l'œil et l'oreille au guet. D'abord il entendit un garçon de charrue dire à son compagnon que Charmette, la grande chienne fauve de la ferme, n'avait pas cessé d'aboyer depuis neuf heures et demie jusqu'à minuit. Ensuite il se promena dans le verger, et vit le sommet d'un mur en pierres sèches qui l'entourait un peu dérangé. Mais un indice plus certain, ce fut un talon de botte marqué en plusieurs endroits sur la glaise du fossé. Or, personne à la ferme ne faisait usage de bottes. On n'y connaissait que les sabots ou les souliers ferrés à triple rang de clous.

Alors Blutty n'eut plus de doutes. Pour s'emparer à coup sûr de son ennemi, il sut renfermer sa colère et sa douleur, et, vers le soir, il embrassa assez cordialement sa femme, en disant qu'il allait passer la nuit à une métairie que possédait Simonneau, à une demi-lieue de là. On venait de finir les vendanges ; Simonneau, qui avait fait sa récolte un des derniers, avait besoin d'aide pour surveiller et contenir, pendant cette nuit, la fermentation de ses cuves. Cette fable n'inspira de doutes à personne. Athénaïs se sentait trop innocente pour s'effrayer des projets de son mari.

Il se retira donc chez son compagnon, et, brandissant avec fureur une de ces lourdes fourches en fer dont on se sert dans le pays pour *afféter* le foin sur les charrettes en temps de récolte, il attendit la nuit avec une cuisante impatience. Pour lui donner du cœur et du sang-froid, Simonneau le fit boire.

XVIII

Sept heures sonnèrent. La soirée était froide et triste. Le vent mugissait sur le chaume de la maisonnette, et le ruisseau, gonflé par les pluies des jours précédens, remplissait le ravin de son murmure plaintif et monotone. Bénédict se préparait à quitter son jeune ami, et il commençait, comme la veille, à lui bâtir une fable sur la nécessité de sortir à une pareille heure, lorsque Valentin l'interrompit.

— Pourquoi me tromper? lui dit-il tout-à-coup en jetant sur la table d'un air résolu le livre qu'il tenait. Vous allez à la ferme.

Immobile de surprise, Bénédict ne trouva point de réponse.

— Eh bien! mon ami, dit le jeune homme avec une amertume concentrée, allez donc, et soyez heureux. Vous le méritez mieux que moi, et si quelque chose peut adoucir ce que je souffre, c'est de vous avoir pour rival.

Bénédict tombait des nues. Les hommes ont peu de perspicacité pour ces sortes de découvertes, et d'ailleurs ses propres chagrins l'avaient trop absorbé depuis long-temps, pour qu'il pût s'être aperçu que l'amour avait fait irruption aussi chez cet enfant dont il avait la tutelle. Étourdi de ce qu'il entendait, il s'imagina que Valentin était amoureux de sa tante, et son sang se glaça de surprise et de chagrin.

— Mon ami, dit Valentin en se jetant sur une chaise d'un air accablé, je vous offense, je vous irrite, je vous afflige, peut-être! C'est qu'aussi je suis bien malheureux! Vous, que j'aime tant! me voilà forcé de lutter contre la haine que vous m'inspirez quelquefois! Tenez, Bénédict, prenez garde à moi, il y a des jours où je suis tenté de vous assassiner.

— Malheureux enfant! s'écria Bénédict en lui saisissant fortement le bras; vous osez nourrir un pareil sentiment pour celle que vous devriez respecter comme votre mère!

— Comme ma mère! reprit-il avec un sourire triste; elle serait bien jeune, ma mère!

— Grand dieu! dit Bénédict consterné, que dira Valentine?

— Valentine! Et que lui importe? D'ailleurs, pourquoi n'a-t-elle pas prévu ce qui arriverait ? Pourquoi a-t-elle permis que chaque soir nous réunît sous ses yeux ? Et vous-même, pourquoi m'avez-vous pris pour le confident et le témoin de vos amours ? Car vous l'aimez, maintenant, je ne puis m'y tromper. Hier, je vous ai suivi, vous alliez à la ferme, et je ne suppose point que vous y alliez si secrètement pour voir ma mère ou ma tante. Pourquoi vous en cacheriez-vous ?

— Ah çà, que voulez-vous donc dire ? s'écria Bénédict dégagé d'un poids énorme; vous me croyez amoureux de ma cousine ?

— Qui ne le serait! répondit le jeune homme avec un naïf enthousiasme.

— Viens, mon enfant, dit Bénédict en le pressant contre sa poitrine, crois-tu à la parole d'un ami ? — Eh bien ! je te jure sur l'honneur que je n'eus jamais d'amour pour Athénaïs, et que je n'en aurai jamais. Es-tu content maintenant ?

— Serait-il vrai! s'écria Valentin en l'embrassant avec transport; mais, en ce cas, que vas-tu donc faire à la ferme?

— M'occuper, répondit Bénédict embarrassé, d'une affaire importante pour l'existence de madame de Lansac. Forcé de me cacher, pour ne pas rencontrer Blutty, avec lequel je suis brouillé, et qui pourrait, à juste titre, s'offenser de ma présence chez lui, je prends quelques précautions pour parvenir auprès de ta tante. Ses intérêts exigent tous mes soins... C'est une affaire d'argent que tu comprendrais peu... Que t'importe, d'ailleurs? Je te l'expliquerai plus tard, il faut que je parte.

— Il suffit, dit Valentin, je n'ai pas d'explications à vous demander. Vos motifs ne peuvent être que nobles et généreux; mais permets-moi de t'accompagner, Bénédict.

— Je le veux bien pendant une partie du chemin, répondit-il.

Ils sortirent ensemble.

— Pourquoi ce fusil? dit Bénédict en voyant Valentin passer à ses côtés l'arme sur l'épaule.

— Je ne sais. Je veux aller avec toi jusqu'à la ferme. Ce Pierre Blutty te hait, je le sais. S'il te rencontrait, il te ferait un mauvais parti. Il est lâche et brutal ; laisse-moi t'escorter. Tiens! hier soir je n'ai pu dormir tant que tu n'as pas été rentré. Je faisais des rêves affreux ; et à présent que j'ai le cœur déchargé d'une horrible jalousie, à présent que je devrais être heureux, je me sens dans l'humeur la plus noire que j'aie eue de ma vie.

— Je t'ai dit souvent, Valentin, que tu as les nerfs d'une femme. Pauvre enfant! Ton amitié m'est douce pourtant. Je crois qu'elle réussirait à me faire supporter la vie quand tout le reste me manquerait.

Ils marchèrent quelque temps en silence, puis ils reprirent une conversation interrompue et brisée à chaque instant. Bénédict sentait son cœur se gonfler de joie à l'approche du moment qui devait le réunir à Valentine. Son jeune compagnon, d'une nature plus frêle et plus impressionnable, se débattait sous le poids de je ne sais quel pressentiment. Bénédict voulut lui remontrer la folie de son amour pour Athénaïs, et l'engager à lutter contre ce penchant dangereux. Il lui fit, des maux de la passion, une peinture sinistre, et pourtant d'ardentes palpitations de joie démentaient intérieurement ses paroles.

— Tu as raison, peut-être! lui dit Valentin. Je crois que je suis destiné à être malheureux. Du moins je le crois ce soir, tant je me sens oppressé et abattu. Reviens de bonne heure, entends-tu? ou laisse-moi t'accompagner jusqu'au verger.

— Non, mon enfant, non, dit Bénédict en s'arrêtant sous un vieux saule qui formait l'angle du chemin. Rentre : je serai bientôt près de toi, et je reprendrai ma mercuriale. Eh bien ! qu'as-tu ?

— Tu devrais prendre mon fusil.

— Quelle folie !

— Tiens, écoute ! dit Valentin.

Un cri rauque et funèbre partit au-dessus de leurs têtes.

— C'est un engoulevent, répondit Bénédict. Il est caché dans le tronc pourri de ce saule. Veux-tu l'abattre ? je vais le faire partir.

Il donna un coup de pied contre l'arbre. L'oiseau partit d'un vol oblique et silencieux. Valentin l'ajusta, mais il faisait trop sombre pour qu'il pût l'atteindre. L'engoulevent s'éloigna, en répétant son cri sinistre.

— Oiseau de malheur ! dit le jeune homme. Je t'ai manqué ! N'est-ce pas celui-là que les paysans appellent *l'oiseau de la mort ?*

— Oui, dit Bénédict avec indifférence ; ils prétendent qu'il chante sur la tête d'un homme une heure avant sa fin. Gare à nous! Nous étions sous cet arbre quand il a chanté.

Valentin haussa les épaules et frappa du pied, comme s'il eût été honteux de ses puérilités. Il pressa la main de son ami avec plus de vivacité que de coutume.

— Reviens bientôt, lui dit-il.

Et ils se séparèrent.

Bénédict entra sans bruit et trouva Valentine à la porte de la maison.

— J'ai de grandes nouvelles à vous apprendre, lui dit-elle, mais ne restons pas dans cette salle. La première personne venue pourrait nous y surprendre. Athénaïs me cède sa chambre pour une heure. Suivez-moi.

Depuis le mariage de la jeune fermière, on avait arrangé et décoré, pour les nouveaux époux, une assez jolie chambre au rez-de-chaussée. Athénaïs l'avait offerte à son amie, et avait été attendre la fin de sa conférence dans la chambre que celle-ci occupait à l'étage supérieur.

Valentine y conduisit Bénédict.

Pierre Blutty et Georges Simonneau quittèrent à peu près à la même heure la métairie, où ils avaient passé l'après-dînée. Tous deux suivaient en silence un chemin creux sur le bord de l'Indre.

— Sacrebleu ! Pierre, tu n'es pas un homme ! dit Georges en s'arrêtant. On dirait que tu vas faire un crime. Tu ne dis rien, tu as été pâle et défait comme un linceul tout le jour, à peine si tu marches droit. Comment ! c'est pour une femme que tu te laisses ainsi démoraliser ?

— Ce n'est pas tant l'amour que j'ai pour la femme, répondit Pierre d'une voix creuse et en s'arrêtant, que la haine que j'ai pour l'homme. Celle-là me fige le sang autour du cœur ; et quand tu dis que je vas faire un crime, je crois bien que tu ne te trompes pas.

— Ah çà ! plaisantes-tu ? dit Georges en s'arrêtant à son tour. Je me suis associé avec toi pour donner une *roulée*.

— Une *roulée* jusqu'à ce que mort s'ensuive, reprit l'autre d'un ton grave. Il y a assez long-temps que sa figure me fait souffrir. Il faut que l'un de nous deux cède la place à l'autre cette nuit.

— Diable ! c'est plus sérieux que je ne pensais ! Qu'est-ce donc que tu tiens là en guise de bâton ? Il fait si noir ! Est-ce que tu t'es obstiné à emporter cette diable de fourche ?

— Peut-être.

— Mais, dis-donc, n'allons pas nous jeter dans une affaire qui nous mènerait aux assises, dà ! Cela ne m'amuserait pas, moi, qui ai femme et enfans !

— Si tu as peur, ne viens pas !

— J'irai, mais pour t'empêcher de faire un mauvais coup.

Ils se remirent en marche.

— Écoutez, dit Valentine en tirant de son sein une lettre cachetée de noir ; je suis bouleversée, et ce que je sens en moi me donne horreur de moi-même. Lisez ; mais, si votre cœur est aussi coupable que le mien, taisez-vous, car j'ai peur que la terre s'ouvre pour nous engloutir.

Bénédict, effrayé, ouvrit la lettre. Elle était de Franck, le valet de chambre de M. de Lansac. M. de Lansac venait d'être tué en duel.

Le sentiment d'une joie cruelle et violente envahit toutes les facultés de Bénédict. Il se mit à marcher avec agitation dans la chambre pour dérober à Valentine une émotion qu'elle condamnait, mais dont elle-même ne pouvait se défendre. Ses efforts furent vains. Il s'élança vers elle, et, tombant à ses pieds, il la pressa contre sa poitrine dans un transport d'ivresse sauvage.

— A quoi bon feindre un recueillement hypocrite ? s'écria-t-il. Est-ce toi ? Est-ce

Dieu que je pourrais tromper? N'est-ce pas Dieu qui règle nos destinées? N'est-ce pas lui qui te délivre de la chaîne honteuse de ce mariage? N'est-ce pas lui qui purge la terre de cet homme faux et stupide?...

— Taisez-vous! dit Valentine en lui mettant ses mains sur la bouche. Voulez-vous donc attirer sur nous la vengeance du ciel! N'avons-nous pas assez offensé la vie de cet homme ; faut-il l'insulter jusqu'après sa mort? Oh! taisez-vous : cela est un sacrilége. Dieu n'a peut-être permis cet événement que pour nous punir et nous rendre plus misérables encore.

— Craintive et folle Valentine ! que peut-il donc nous arriver maintenant? N'es-tu pas libre? L'avenir n'est-il pas à nous? Eh bien! n'insultons pas les morts, j'y consens. Bénissons, au contraire, la mémoire de cet homme qui s'est chargé d'aplanir entre nous les distances de rang et de fortune. Béni soit-il pour t'avoir faite pauvre et délaissée comme te voilà! car sans lui je n'aurais pu prétendre à toi. Ta richesse, ta considération eussent été des obstacles que ma fierté n'eût pas voulu franchir... A présent, tu m'appartiens, tu ne peux pas, tu ne dois pas m'échapper, Valentine ; je suis ton époux, j'ai des droits sur toi. Ta conscience, ta religion t'ordonnent de me prendre pour appui et pour vengeur. Oh! maintenant, qu'on vienne t'insulter dans mes bras, si on l'ose! Moi, je comprendrai mes devoirs; moi, je saurai la valeur du dépôt qui m'est confié; moi, je ne te quitterai pas, je veillerai sur toi avec amour! Que nous serons heureux! Vois donc comme Dieu est bon! comme, après les rudes épreuves, il nous envoie les biens dont nous étions avides! Te souviens-tu qu'un jour tu regrettais ici de n'être pas fermière, de ne pouvoir te soustraire à l'esclavage d'une vie opulente pour vivre en simple villageoise sous un toit de chaume. Eh bien! voilà ton vœu exaucé. Tu seras suzeraine dans la chaumière du ravin; tu courras parmi les taillis avec ta chèvre blanche. Tu cultiveras tes fleurs toi-même, tu dormiras sans crainte et sans souci sur le sein d'un paysan. Chère Valentine, que tu seras belle sous le chapeau de paille des faneuses! Que tu seras adorée et obéie dans ta nouvelle demeure! Tu n'auras qu'un serviteur et qu'un esclave, ce sera moi. Mais j'aurai plus de zèle à moi seul que toute une livrée. Tous les ouvrages pénibles me concerneront; toi, tu n'auras d'autre soin que d'embellir ma vie et de dormir parmi les fleurs à mon côté.

Et d'ailleurs nous serons riches. J'ai doublé déjà la valeur de mes terres; j'ai mille francs de rente; et toi, quand tu auras vendu ce qui te reste, tu en auras à peu près autant. Nous arrondirons notre propriété. Oh! ce sera une terre magnifique. Nous aurons ta bonne Catherine pour factotum. Nous aurons une vache et son veau, que sais-je!...

Allons, réjouis-toi donc, fais donc des projets avec moi!...

— Hélas! je suis accablée de tristesse, dit Valentine, et je n'ai pas la force de repousser vos rêves. Ah! parle-moi! parle-moi encore de ce bonheur; dis-moi qu'il ne peut nous fuir, je voudrais y croire.

— Et pourquoi donc t'y refuser?

— Je ne sais, dit-elle en mettant sa main sur sa poitrine, je sens là un poids qui m'étouffe. Le remords! Oh oui, c'est le remords! Je n'ai pas mérité d'être heureuse, moi. Je ne dois pas l'être. J'ai été coupable. J'ai trahi mes sermens : j'ai oublié Dieu; Dieu me doit des châtimens, et non des récompenses.

— Chasse ces noires idées. Pauvre Valentine! te laisseras-tu donc ainsi ronger et flétrir par le chagrin? En quoi donc as-tu été si criminelle? N'as-tu pas résisté assez long-temps? N'est-ce pas moi qui suis le coupable ? N'as-tu pas assez expié ta faute par ta douleur ?

— Oh oui, mes larmes auraient dû m'en laver ! Mais, hélas ! chaque jour m'enfonçait plus avant dans l'abîme ; et qui sait si je n'y aurais pas croupi toute ma vie ? Quel mérite aurai-je à présent ? Comment réparerai-je le passé ? Toi-même, pourras-tu m'aimer toujours ? Auras-tu confiance en celle qui a trahi ses premiers sermens ?

— Mais, Valentine, pense donc à tout ce qui devait te servir d'excuse. Songe donc à ta position malheureuse et fausse. Rappelle-toi ce mari qui t'a poussée à ta perte avec préméditation ; à cette mère, qui a refusé de t'ouvrir ses bras dans le danger ; à cette vieille femme, qui n'a rien trouvé de mieux à te dire à son lit de mort que ces religieuses paroles : *Ma fille, prends un amant de ton rang.*

— Ah ! il est vrai, dit Valentine faisant un amer retour sur le passé, ils traitaient tous vertu avec une incroyable légèreté. Moi seule, qu'ils accusaient, je concevais la grandeur de mes devoirs, et je voulais faire du mariage une obligation réciproque et sacrée. Mais ils riaient de ma simplicité; l'un me parlait d'argent, l'autre de dignité, un troisième de convenances. L'ambition ou le plaisir, c'était là toute la morale de leurs actions, tout le sens de leurs préceptes; ils m'invitaient à faillir et m'exhortaient à savoir seulement professer les dehors de la vertu. Si, au lieu d'être le fils d'un paysan, tu eusses été duc et pair, mon pauvre Bénédict, ils m'auraient portée en triomphe!

— Sois-en sûre, et ne prends donc plus les menaces de leur sottise et leur méchanceté pour les reproches de ta conscience.

Lorsqu'onze heures sonnèrent au *coucou* de la ferme, Bénédict s'apprêta à quitter Valentine. Il avait réussi à la calmer, à l'enivrer d'espoir, à la faire sourire; mais au moment où il la pressa contre son cœur pour lui dire adieu, elle fut saisie d'une étrange terreur.

Et si j'allais te perdre! lui dit-elle en pâlissant. Nous avons prévu tout, hormis cela! Avant que tout ce bonheur se réalise, tu peux mourir, Bénédict!

Mourir! lui dit-il en la couvrant de baisers, est-ce qu'on meurt quand on s'aime ainsi?

Elle lui ouvrit doucement la porte du verger, et l'embrassa encore sur le seuil.

— Te souviens-tu, lui dit-il tout bas, que tu m'as donné ici ton premier baiser sur le front?..

— A demain! lui répondit-elle.

Elle avait à peine regagné sa chambre, qu'un cri profond et terrible retentit dans le verger; ce fut le seul bruit, mais il fut horrible, et toute la maison l'entendit.

En approchant de la ferme, Pierre Blutty avait vu de la lumière dans la chambre de sa femme, qu'il ne savait pas être occupée par Valentine. Il avait vu passer distinctement deux ombres sur le rideau, celle d'un homme et celle d'une femme : plus de doutes pour lui. En vain Simonneau avait voulu le calmer; désespérant d'y parvenir et craignant d'être inculpé dans une affaire criminelle, il avait pris le parti de s'éloigner. Blutty avait vu la porte s'entr'ouvrir, un rayon de lumière qui s'en échappait lui avait fait reconnaître Bénédict; une femme venait derrière lui, il ne put voir son visage parce que Bénédict le lui cacha en l'embrassant, mais ce ne pouvait être qu'Athénaïs! Le malheureux jaloux dressa alors sa fourche de fer au moment où Bénédict, voulant franchir la clôture du verger, monta sur le mur en pierres sèches à l'endroit qui portait encore des traces de son passage de la veille; il s'élança pour sauter et se jeta sur l'arme aiguë ; les deux pointes s'enfoncèrent bien avant dans sa poitrine, et il tomba baigné dans son sang.

A cette même place, deux ans auparavant, il avait soutenu Valentine dans ses bras la première fois qu'elle était venue furtivement à la ferme pour voir sa sœur.

Une rumeur affreuse s'éleva dans la maison à la vue de ce crime; Blutty s'enfuit et s'alla remettre à la discrétion du procureur du roi. Il lui raconta franchement l'affaire : l'homme était son rival, il avait été assassiné dans le jardin du meurtrier; celui-ci pouvait se défendre en assurant qu'il l'avait pris pour un voleur. Aux yeux de la loi il devait être acquitté; aux yeux du magistrat auquel il confiait avec franchise la passion qui l'avait fait agir et le remords qui le déchirait, il trouva grâce. Il fût résulté des débats un horrible scandale pour la famille Lhéry, la plus nombreuse et la plus estimée du département. Il n'y eut point de poursuites contre Pierre Blutty.

On apporta le cadavre dans la salle.

Valentine recueillit encore un sourire,

une parole d'amour et un regard vers le ciel. Il mourut sur son sein.

Alors elle fut entraînée dans sa chambre par Lhéry, tandis que madame Lhéry emmenait de son côté Athénaïs évanouie.

Louise, pâle, froide et conservant toute sa raison, toutes ses facultés pour souffrir, resta seule auprès du cadavre.

Au bout d'une heure Lhéry vint la rejoindre.

— Votre sœur est bien mal, lui dit le vieillard consterné. Vous devriez aller la secourir. Je remplirai, moi, le triste devoir de veiller ici.

Louise ne répondit rien, et entra dans la chambre de Valentine.

Lhéry l'avait déposée sur son lit. Elle avait la face verdâtre, ses yeux rouges et ardens ne versaient pas de larmes. Ses mains étaient raidies autour de son cou ; une sorte de râle convulsif s'exhalait de sa poitrine.

Louise, pâle aussi, mais calme en apparence, prit un flambeau et se pencha vers sa sœur.

Quand ces deux femmes se regardèrent, il y eut entre elles comme un magnétisme horrible. Le visage de Louise exprimait un mépris féroce, une haine glaciale. Celui de Valentine, contracté par la terreur, cherchait vainement à fuir ce terrible examen, cette vengeresse apparition.

— Ainsi, dit Louise en passant sa main furieuse dans les cheveux épars de Valentine, comme si elle eût voulu les arracher, c'est vous qui l'avez tué!

— Oui, c'est moi! moi! moi! bégaya Valentine hébétée.

— Cela devait arriver, dit Louise. Il l'a voulu. Il s'est attaché à votre destinée, et vous l'avez perdu! Eh bien! achevez votre tâche, prenez aussi ma vie ; car ma vie c'était la sienne, et moi je ne lui survivrai pas! Savez-vous quel double coup vous avez frappé? Non! vous ne vous flattiez pas d'a-

voir fait tant de mal! Eh bien! triomphez!
Vous m'avez supplantée; vous m'avez rongé
le cœur tous les jours de votre vie, et vous
venez d'y enfoncer le couteau! C'est bien!
Valentine, vous avez complété l'œuvre de
votre race. Il était écrit que de votre famille sortiraient pour moi tous les maux.
Vous avez été la fille de votre mère, la
fille de votre père, qui savait lui aussi faire
si bien couler le sang! C'est vous qui m'avez attirée dans ces lieux que je ne devais jamais revoir. Vous qui, comme un
basilic, m'y avez fascinée et attachée afin
d'y dévorer mes entrailles à votre aise. Ah!
vous ne savez pas comme vous m'avez fait
souffrir! Le succès a dû passer votre attente.
Vous ne savez pas comme je l'aimais, cet
homme qui est mort! Mais vous lui aviez
jeté un charme, et il ne voyait plus clair
autour de lui. Oh! je l'aurais rendu heureux,
moi! Je ne l'aurais pas torturé comme vous
avez fait! Je lui aurais sacrifié une vaine

gloire et d'orgueilleux principes. Je n'aurais pas fait de sa vie un supplice de tous les jours. Sa jeunesse, si belle et si suave, ne se serait pas flétrie sous mes caresses égoïstes! Je ne l'aurais pas condamné à dépérir rongé de chagrins et de privations. Ensuite, je ne l'aurais pas attiré dans un piége pour le livrer à un assassin. Non! il serait aujourd'hui plein de sève et de vie, s'il eût voulu m'aimer! Soyez maudite, vous qui l'en avez empêché!

En proférant ces imprécations, la malheureuse Louise s'affaiblit, et finit par tomber mourante auprès de sa sœur.

Quand elle revint à la vie, elle ne se souvint plus de ce qu'elle avait dit. Elle soigna Valentine avec amour; elle l'accabla de caresses et de larmes. Mais elle ne put effacer l'affreuse impression que cette confession involontaire lui avait faite. Dans ses accès de fièvre, Valentine se jetait dans ses bras en lui demandant pardon avec toutes les terreurs de la démence.

Elle mourut huit jours après. La religion versa quelque baume sur ses derniers instans, et la tendresse de Louise adoucit ce rude passage de la terre au ciel.

Louise avait tant souffert que ses facultés, rompues au joug de la douleur, trempées au feu des passions dévorantes, avaient acquis une force surnaturelle. Elle résista à ce coup affreux, et vécut pour son fils.

Pierre Blutty ne put jamais se consoler de sa méprise. Malgré la rudesse de son organisation, le remords et le chagrin le rongeaient secrètement. Il devint sombre, hargneux, irritable. Tout ce qui ressemblait à un reproche l'exaspérait, parce que le reproche s'élevait encore plus haut en lui-même. Il eut peu de relations avec sa famille durant l'année qui suivit son crime. Athénaïs faisait de vains efforts pour dissimuler l'effroi et l'éloignement qu'il lui inspirait. Madame Lhéry se cachait pour ne pas le voir, et Louise quittait la ferme les jours où il devait y venir. Il chercha dans le vin une consolation à ses ennuis, et parvint à s'étourdir en s'enivrant tous les jours. Un soir il s'alla jeter dans la rivière, que la clarté blanche de la lune lui fit prendre pour un chemin sablé. Les paysans remarquèrent, comme une juste punition du ciel, que sa mort arriva, jour pour jour, heure pour heure, un an après celle de Bénédict.

Plusieurs années après, on vit bien du changement dans le pays. Athénaïs, héritière de deux cent mille francs légués par son parrain le maître de forges, acheta le château de Raimbault et les terres qui l'environnaient. M. Lhéry, poussé par sa femme à cet acte de vanité, vendit ses propriétés, ou plutôt les troqua (les malins du pays disent avec perte) contre les autres terres de Raimbault. Les bons fermiers s'installèrent donc dans l'opulente demeure de leurs anciens seigneurs, et la jeune veuve put satisfaire enfin ces goûts de luxe qu'on lui avait inspirés dès l'enfance.

Louise, qui avait été achever à Paris l'éducation de son fils, fut invitée alors à venir se fixer auprès de ses fidèles amis. Valentin venait d'être reçu médecin. On l'engageait à se fixer dans le pays, où M. Faure, devenu trop vieux pour exercer, lui léguait avec empressement sa clientelle.

Louise et son fils revinrent donc, et trouvèrent chez cette honnête famille l'accueil le plus sincère et le plus tendre. Ce fut une triste consolation pour eux que d'habiter le pavillon. Pendant cette longue absence, le jeune Valentin était devenu un homme; sa beauté, son instruction, sa modestie, ses nobles qualités, lui gagnaient l'estime et l'affection des plus récalcitrans sur l'article de la naissance. Cependant il portait bien légitimement le nom de Raimbault. Madame

Lhéry ne l'oubliait pas, et disait tout bas à son mari que c'était peu d'être propriétaire si l'on n'était seigneur ; ce qui signifiait, en d'autres termes, qu'il ne manquait plus à leur fille que le nom de leurs anciens maîtres. M. Lhéry trouvait le jeune médecin bien jeune.

—Eh ! disait la mère Lhéry, notre Anaïs l'est bien aussi. Est-ce que nous ne sommes pas de *la même âge* toi et moi ? Est-ce que nous en avons été moins heureux pour ça ?

Le père Lhéry était plus positif que sa femme ; il disait que *l'argent attire l'argent;* que sa fille était un assez beau parti pour prétendre non-seulement à un noble, mais encore à un riche propriétaire. Mais il fallut céder, car l'ancienne inclination de madame Blutty se réveilla avec une intensité nouvelle en retrouvant son *jeune écolier* si grand et si perfectionné. Louise hésita. Valentin, partagé entre son amour et sa fierté, se laissa pourtant convaincre par les brûlans regards de la belle veuve. Athénaïs devint sa femme.

Elle ne put pas résister à la démangeaison de se faire annoncer dans les salons aristocratiques des environs, sous le titre de comtesse de Raimbault. Les voisins en firent des gorges chaudes, les uns par mépris, les autres par envie. La vraie comtesse de Raimbault intenta à la nouvelle un procès pour ce fait; mais elle mourut, et personne ne songea plus à réclamer. Athénaïs était bonne, elle fut heureuse; son mari, doué de l'excellent caractère et de la haute raison de Valentine, l'a facilement dominée et corrigée doucement de beaucoup de ses travers. Ceux qui lui restent la rendent piquante et la font aimer comme des qualités, tant elle les reconnaît avec franchise.

La famille Lhéry est raillée dans le pays pour ses vanités et ses ridicules; cependant nul pauvre n'est rebuté à la porte du château, nul voisin n'y réclame vainement un service; on en rit par envie plutôt que par pitié. Si quelque ancien compagnon du vieux Lhéry lui adresse parfois une lourde épigramme sur son changement de fortune, Lhéry s'en console en voyant que la moindre avance de sa part est reçue avec orgueil et reconnaissance.

Louise se console auprès de sa nouvelle famille de la triste carrière qu'elle a fournie. L'âge des passions a fui derrière elle; une teinte de mélancolie religieuse s'est étendue sur ses pensées de chaque jour. Sa plus grande joie est d'élever sa petite-fille blonde et blanche, qui perpétue le nom bien-aimé de Valentine, et qui rappelle à sa très-jeune grand'mère les premières années de cette sœur chérie. En passant devant le cimetière du village, le voyageur a vu souvent le bel enfant jouer aux pieds de Louise, et cueillir des primevères qui croissent doubles sur la tombe de Valentine et de Bénédict.

FIN.

www.ingramcontent.com/pod-product-compliance
Lightning Source LLC
Chambersburg PA
CBHW060507170426
43199CB00011B/1359